KB273736

서른살의 통장,
안녕하니?

서른살의 통장,
안녕하니?

강지연 + 이지현=지음

오픈하우스

POOR
BEGINNING

같은 날 만난 세 명의 이야기

34세 B는 미국 맨해튼과 대한민국 서울에 직원 20여 명을 둔 앱application 개발사 대표이다. 스물두 살이 되던 해 달랑 500만원을 들고 맨해튼으로 떠나 지금의 자리에 올랐다. 고등학교 때 아버지가 돌아가신 뒤 집안의 가장이 됐고, 서울 상위권 대학에 진학했지만 삼성공화국에만 집중하는 현실이 아쉬워 자퇴를 택했다. 이후 세계를 무대로 하겠다는 야심찬 포부를 안고 미국행을 결정했다.

미국에서는 고생길이 구만리였다. 마땅한 일자리를 찾지 못했던 B는 알래스카까지 무전여행을 떠났다. 여행길에서 마음씨 좋은 흑인 청년을 만나 밥과 잠자리를 해결했다. 그런데 알고 보니 그 청년은 마약 거래상이었다. 자칫 잘못하면 미국의 '탈선 한인'으로 저녁 8시 뉴스에 등장할 수도 있었겠지만 다행히 그들은 그저 여행길에서의 스치는 인연으로만 남았다.

다시 맨해튼으로 돌아온 B는 뮤지컬 관련 사업에 손을 댔지만 사기성 계약으로 다시 바닥에 주저앉았다. 그러던 중 운명 같은 우연으로 세계 최대 인터넷업체에 다니는 개발자를 만났다. 그때부터 합심해 앱을 만들었고, 뉴욕에서 좋은 반응을 얻어 한국으로 역진출했다.

미국 맨해튼의 중심, 지어진 지 100년도 넘는 건물에 그의 사무실이 있었다. 엘리베이터 문도 자동으로 열리지 않는, 타는 사람이 직접 문을 열고 타야 하는 곳이었다. 엘리베이터는 건물 옥상에서 누군가가 손으로 끌어당기는 듯 위험천만하고 느리게 올라갔다. 그렇게 도착한 6층엔 B의 역사적인 공간이 있었다. 그동안 B의 고생길이 한눈에 보이는 듯했다. 마침 출장 중인 B는 그곳에 없었지만 그의 존재감을 오롯이 느낄 수 있었다.

맨해튼에서 전 세계를 상대로 사업을 운영하고 있는 이 한국인 청년은 어떤 사람일까? 대한민국의 2030세대와 어떤 것이 다를까? DNA부터 다르게 태어난 범접할 수 없는 '아우라'를 갖고 있는 사람일까?

한 달 뒤 서울에서 만난 B는 일반 인계의 노홍철이었다. 사무실에 들어서

자마자 "Hi, everyone!"을 3단 고음으로 외치는 B. 중간 중간에 미국인들이 주로 사용하는 제스처와 추임새를 넣어가며 자신의 소설 같은 스토리를 능숙하게 풀어냈다. 그가 얼마나 많은 고생을 했는지를, 그리고 지금 어느 정도 성공가도를 달리고 있는지를. 그간 수없이 만나온 사람들을 블록으로 구분 짓는다면 그가 들어갈 곳은 없었다. 그는 생애 처음으로 만나는 부류의 사람이었다.

3년 차 직장인 S를 만난 건 그로부터 약 4시간 뒤였다. 눈썹이 짙어 자칭 '송승헌'인 S는 강남역 카페 한구석에 늘어져 있었다. S는 이제 갓 새내기 직장인 꼬리표를 뗀 대기업 사원. 29세 S는 자기소개서를 대략 97번쯤 쓴 뒤에야 지금의 직장에 안착했다. 100번에서 3번이 남았을 때 '입사'라는 목표를 이뤘다며 좋아하던 것이 벌써 3년 전이다.

S가 팀에서 '모시고' 있는 상사는 7명, 모두 여자라고 했다. 그래서 그는 총 7개의 커피 레시피를 외우고 다녔다. 팀장님은 아이스 아메리카노에 헤이즐넛 시럽 추가, 부장님은 카페모카에 더블샷을 추가한 뒤 휘핑크림 올리기, 과장님은 그린티라떼 벤티 사이즈에 자바칩을 넣는데 이때 자바칩은 갈지 말고 그냥 뿌리기, 차장님은 아이스 바닐라라떼인데 일반 우유를 두유로 바꾸기, 실장님은 카페라떼에 초코드리즐과 카라멜드리즐을 격일로 바꿔가면서

뿌리기 등이다. 처음에는 수첩에 따로 적어놓고 다녔지만 이제는 메모를 보지 않아도 입에서 줄줄 나오는 경지에 이르렀다.

7명의 '오피스 와이프' 등쌀에 출근길은 끔찍했지만 퇴근길은 달랐다. 최근에 취업준비생인 여자친구를 만났기 때문이다. 지갑은 텅텅 비어갔지만 몸과 마음은 따뜻했다. 얼마 전 100일 선물로 '커플 노트북'을 마련했다. 그녀는 기뻐했다. S는 그녀의 100일 기념 '손편지'에 감동했다.

서울 근교 여행도 계획했다. 낭만적인 기차 여행을 꿈꿨지만 그녀는 자동차 여행을 원했다. 운전면허증이 없던 S는 서울 강남역에서 경기 가평군까지 택시를 탔다. 그달 월급의 20%가 이날 택시비로 날아갔다. 부모님에게 드릴 용돈만 간신히 남겼다. 지출의 압박을 견디지 못한 S는 소셜커머스 앱을 깔았다. 출근 시간 1시간을 절반으로 쪼개 30분은 토익 공부를, 30분은 소셜커머스를 탐독(?)했다.

모임에 조금 늦게 도착한 J의 첫 마디는 "정말 구질구질해!"였다. 입사 2년 차인 28세 J는 이날 '점심 소개팅'을 처음으로 경험했다. 중소기업에 다니는 32세 남자가 소개팅 상대였다. 회사 점심시간에 맞춰 인근 레스토랑에서 만나기로 했다.

오전 근무 시간 내내 J는 업무가 머릿속에 들어오지 않았다. 평소에는 박 부장 눈치를 보느라 12시 5분에야 자리를 떴지만 이날은 달랐다. '소개팅만 성공해봐라. 내가 왕건이를 건져서 기필코 이놈의 회사를 떠나고야 말리라!'라는 마음으로 11시 45분에 겉옷을 찾아 입었다. 박 부장의 눈길이 뒤통수에 내리꽂혔지만 애써 무시하고 엘리베이터 앞까지 당당한 척 걸어 나왔다.

이탈리안 레스토랑 앞에서 만난 소개팅남은 훤칠했다. 얘기도 잘 통했다. 마음속으로는 '아싸! 진짜 왕건이다!'를 수백 번 외쳤다. 계산을 위해 소개팅남이 계산대 앞에 서기 전까진 모든 것이 완벽했다. 소개팅남은 계산대 앞에 서서 이렇게 말했다.

"오늘 '애프터눈' 앱에서 선착순 쿠폰을 받았는데요. 이거 지금 쓸 수 있는 거 맞죠? 20% 할인되는 거던데."

J의 좌뇌 한구석이 저릿해졌다. 원래 눈여겨 봐둔 더치커피 전문점에서 커피를 쏠 생각이었지만 J는 계획을 바꿨다. 근처 프랜차이즈 커피숍으로 소개팅남을 안내했다. 지난 20여 일에 걸쳐 도장을 찍어둔 쿠폰을 내밀어 아메리카노 두 잔을 시켰다. 1시께 돌아온 오후의 사무실은 분위기가 냉랭했다. 박 부장 기분이 영 별로라는 것이다. 본부장에게 깨져서 그렇다고는 했지만 J는 내심 점심시간에 일찍 빠져나온 것이 마음에 걸

렸다. 괜히 눈치를 보다가도 '내가 왜 이런 일로 눈치를 봐야 해?'라고 다독이는 과정을 오후 내내 몇 번이나 반복했다. 소개팅 결과만 좋았어도 박 부장의 기분 따위야 알 바가 아니었다. 그러나 이날 '박 부장의 기분= 내 기분'이었다.

"아니, 머리로는 이해가 되는데 가슴으로는 절대 인정할 수가 없는 거야. 그래, 나도 알아. 돈을 헤프게 펑펑 쓰고 겉멋 들어서 여자 앞에서만 지갑 여는 그런 남자들은 나도 별로야. 원하지도 않아. 그리고 할인 쿠폰 쓰는 게 요즘 세상에 대수니? 하지만 첫 번째 만남에서부터 그러는 건 좀 아니잖아. 내가 너무 예민하게 반응하는 거야? 아니면 내가 속물인거니? 솔직히 그런 상황에서 '절약 정신이 몸에 밴 남자구나' 하며 쿨하게 넘어갈 수 있는 여자가 몇 명이나 되겠어? 근데 오늘 커피는 누가 쏘는 거야? 야, 네가 제일 잘 버니깐 커피 쏴! 포인트 적립은 내 카드에다 하고. 좀 봐줘라. 나 얼마 전에 옷 사서 통장 잔고가 바닥이란 말이야."

우리는 B일까 S일까 J일까

앱 개발회사 대표인 B와 대한민국 사회초년생인 S, 결혼적령기를 코앞에 둔 J. 지금 우리의 모습은 어디에 더 가까울까? 직장인으로서 머리가 조금씩 커질 즈음 우리는 어떤 모습을 하고 있을까?

고등학생 시절, 수많은 어른들은 우리에게 이렇게 말했다.

"수능 성적에 따라서 네 인생이 결정 나는 거야. 지금은 네 옆의 친구들이 모두 너와 같은 고등학교, 같은 반에 있지만 그날의 성적에 따라 인생의 등급이 나뉜다."

그래서 수능 날, 우리는 전화기를 붙잡고 그렇게 울어댔다. 한 명은 수학을, 다른 한 명은 국어를 망쳤다며 인생이 끝난 듯 그렇게 울었다. 내 옆 친구보다 한 단계 낮은 인생에 접어드는 기분이었고 대한민국의 '루저'가 될 것만 같았다.

대학교 3학년이 되자 우리 귀엔 이런 말들이 들어앉았다.

"네가 하고 싶은 일과 잘할 수 있는 일 중 어떤 것을 선택할지는 너의 몫이야. 하지만 그 선택에 따라 인생이 달라질 수도 있어. 인생 2라운드에 따라 인생의 등급이 다시 한 번 결정되는 거지."

그래서 주변의 많은 S, J는 대기업의 문을 두드렸다. 부모님이 친구 분들에게 말했을 때 단박에 알아들 수 있는, 소개팅을 할 때 구구절절한 설명 없이도 한 번에 어필할 수 있는 그런 기업으로의 취업을 원했다. 남들처럼 집도 사고, 좋은 여자 혹은 좋은 남자를 만나 '성공적인' 인생을 살기 위해서.

이런 비슷한 과정을 거쳐 대한민국의 S와 J는 결국 어찌어찌하여 각자의 밥값을 벌며 살아가고 있다. 인생의 등급은 나뉘었고, 내 등급이 어디에 속하는지는 잘 모르겠지만 대기업에 다니는 S도 중소기업에 다니는 J도 비슷한 고민을 안고 하루하루를 살아간다.

B과 같은 케이스는 우리에게 그저 기사로 접할 수 있는 '뉴스'일 뿐이다. 어린 나이에 창업으로, 주식으로, 재테크로 성공했다는 사람들은 많지만 21세기판 위인전을 보는 듯한 거리감을 지울 수 없는 것 또한 사실

이다.

매우 일반적으로 우리가 누구보다 부러워하는 사람은 결혼 전에 집을 마련한 사람이고, 누구보다 닮고 싶은 사람은 재테크에 능숙한 사람이다. 아무리 좋은 대학을 나와도 돈이 없고 자동차가 없으면 신랑감 2, 3순위는커녕 '열외'가 되어버린다. 아무리 좋은 직장을 나와도 모아놓은 돈이 없으면 '한심한 놈' 소리 듣기 일쑤다. 그렇다고 해서 무조건 안 쓰고 안 입고 살기에는 누리고 싶은 것, 누려야 할 것이 심하게 많다. 아끼고 절약하는 것이 미덕이 아니라 남들에게 그럴싸하게 보이는 것이 미덕이 됐다. 친구 결혼식에 들고 갈 번듯한 명품 가방 하나쯤은 있어야 신부 친구 노릇을 톡톡히 하는 세상이다.

그래서 대한민국의 청춘은 더 힘들다. 입시 전쟁을 겪고, 취업 문턱을 넘었는데 세상은 더 많은 것을 원한다. 따라가기가 너무 벅차다. 젊어서 고생은 사서도 한다는 말은 이제 옛말이다. 대한민국 청춘에게 고생은 굳이 사지 않아도 겪어야 할 필수 코스와 같은 것이 되었다.

자기계발서가 20대에게 불티나게 팔리는 것도 위로를 얻고 싶거나 따끔한 직언을 듣고 싶은 마음 때문이 아닐까? 그러나 사회적으로 성공한 사람들의 말에 귀를 기울이고, 조언을 얻는 것도 필요하지만 어쩌면 우리에게 가장 필요한 것은 같은 선상에서 달려가고 있는 또래들의 말일지도 모른다. 그들은 누구보다 우리의 마음을 제일 잘 알 테니까.

직업의 특성상 CEOChief Executive Officer, 최고경영자들을 만날 기회가 많았다. 그들은 늘 비슷한 요지의 조언을 건넸다.

"왜 요즘 젊은이들은 주인의식이 없는 거지? 평생직장이란 말은 사라졌다지만 직장에서 주인의식을 갖고 일한다면 CEO 자리도 넘볼 수 있는 거야. 누구보다 직장에 헌신적이고 충성할 필요가 있는데 요즘 젊은이들은 그런 게 보이지 않아. 나의 성공 스토리가 특출한 누군가의 이야기가 아니라 누구나 이룰 수 있는 것이라고 생각했으면 좋겠어. 너무 돈을 좇아서 살 필요도 없어. 열정을 다해 살다 보면 돈은 저절로 따라온다고."

인생 선배의 '보석 같은 말'이지만 청춘들에겐 '부담스런 말'이다. 직장에 헌신적일 수는 있지만 2014년의 우리는 개인적인 행복까지 포기할 생각은 없다. 스스로의 성취감과 도전의식을 직장에서 불태울 수는 있지만 평생 한 직장에서 충성할 생각은 없다. 그저 돈을 많이 버는 것만을 목적으로 삼고 싶지도 않다. 단지 조금 더 좋은 직장으로의 '점프'를 위해 달릴 뿐이다. 그러나 낮은 점프마저도 힘든 세상이 됐다.

우리는 모두 '0원'에서 시작한다

앞에서 언급한 내용들은 우리를 좌절시키기에 충분하다. 하지만 그보다 먼저 짚고 넘어가야 할 부분이 있다. B처럼 '벤처 신화'를 쓰고 있는 청년 재벌과 이제 갓 취업 새내기 딱지를 뗀 S·J의 공통점, 그것은 바로 이들에게 주어졌던 통장이 모두 0원에서 시작했다는 사실이다.

통장을 채울 수 있는 방법은 무수히 많다. 널리고 널린 게 돈 버는 방법이다. 돈을 아끼는 습관부터 저축하는 노하우까지 스펙트럼도 넓다. 젊은 나이에 많은 돈을 벌었다거나 사업에 성공했다는 사람들도 점점 늘어난다. 이들의 18세, 25세도 지금의 우리와 별반 다를 바가 없었을 것이다. 은행에서 누구의 통장에는 1,000만원, 누구의 통장에는 1억원을 넣어주고 시작한 것이 아니라는 말이다. 주어진 출발선은 모두 같은데 서른살의 통장은 왜 제각기 다른 걸까?

29세 4년 차 직장인 F는 "돈에 관심 없다"는 말을 입에 달고 살았다. 그간 돈을 모으지 못한 것에 대한 일종의 변명이었다. 26세 신입사원 시절엔 '진짜' 돈에 관심이 없었다. 돈보다는 일이 우선이었다. 어렵게 들어간 화장품회사 마케팅팀은 출근길만으로도 감사한 존재였다. 본부장님은 신입사원들을 대상으로 이렇게 말했다.

"나 때는 월급통장에 얼마가 들어오는지도 모르고 일했습니다. 진짜 일에 미친 사람들은 월급에 연연하지 않죠. 전 지금도 와이프에게 월급통장을 맡겨놓고 일절 신경 쓰지 않습니다."

그때는 그 말이 참 멋있게 들렸다. '본부장느님'의 말마따나 진정한 회사원이라면 그래야 할 것 같았다. F는 부모님에게 월급통장을 맡겼다. 본인은 재테크에 신경 쓸 시간이 없을 것 같으니 부모님께 대신 해달라고 부탁했다. 이후 "돈에 관심 없다"는 말은 "나는 좋은 회사원"이라는 일종의 자부심 어린 말이 됐다.

1년 뒤 회식자리에서 들은 '본부장느님'의 말은 F의 뒷골을 강타했다. 술이 거나하게 취한 본부장은 "지금 내 소유의 아파트가 무려 3채"라며

"신입사원 때부터 주택경매에 관심을 가졌더니 지금 내 또래 본부장급 중에선 내가 제일 잘나간다"며 오른손을 불끈 쥐어 보였다. 이제 갓 회사에 들어와 눈치가 바닥인 남자 신입사원이 물었다.

"그럼 아직도 본부장님이 댁에서 경제권을 쥐고 계십니까?"

본부장의 대답이 압권이다.

"당연하지! 어~~~디 여자가 집안 경제권을 손에 쥐나?"

F는 "그날 내가 본부장의 폭탄주에 양주를 5:5로 따르지 않은 것이 다행"이라고 했다. 어쨌든 신입사원 시절부터 부모님에게 용돈을 받아 써 온 F는 결혼을 앞두게 되자 머리가 복잡해졌다. 본인이 모아놓은 돈은 얼마인지 또 용돈으로 받아 써온 돈은 얼마인지가 명확하게 계산이 되지 않았기 때문이다. 부모님의 재테크 실력도 그다지 좋지 않았다. "난 돈에 관심 없어"라고 도도하게 말하던 F는 지금도 술만 취하면 돼지껍데기를 안주 삼아 이렇게 외친다.

"야! 죽이 되든 밥이 되든 네 돈은 네가 쥐고 흔들어!"

반대로 28세 M은 재테크의 달인이다. 주변에서 "ELSEquity Linked Securities, 주가연계증권가 뭐야?"라고 물으면 인수분해 공식을 외듯 답변이 술술 나온다. 취미는 새로 나온 재테크책 읽기. 특히 젊은 나이에 1년 만에 1억 이상을 모았다는 스토리에는 열광을 한다. M에게 재테크 성공녀는 '걸그룹'보다 더 만나보고 싶은 상대이다. 새롭게 등장한 재테크 방법은 반드시 스크랩해서 방문 앞에 붙여둔다. 최근엔 주식도 시작했다. 금융권에 일하는 선배에게서 "요즘 세상에 돈 벌 곳은 주식밖에 없다"는 얘기를 들은 뒤였다. 수익률은 바닥으로 떨어졌지만 그래도 재테크 세계에서 뒤처지지 않는다는 생각에 위안을 얻고 있다.

M이 좌절한 것은 동아리 후배 W를 만났을 때였다. W는 월급의 85%를 저축하고 있었다. 세련된 스타일이 말해주듯 패션 관련 회사를 다니는 1년 후배 W는 짠순이 이미지와는 거리가 멀었다. 오히려 지름신을 자주 영접하는 쪽에 가까웠다. 이날도 W는 코엑스에서 하는 '화장품 패밀리 세일'에서 지름신을 영접하고 오는 길이었다. 친구가 다니는 화장품 회사에서 50% 할인 행사를 해 500m 달리기를 하듯 전력질주 한 결과, 원하는 화장품을 쓸어 담았다는 일종의 '자랑질'이었다. 이날 쓴 금액만 40만원에 가깝다고 했다.

M은 W에게 핀잔을 주듯 한마디를 내뱉었다.

"야, 거짓말 하지 마! 그렇게 돈 막 쓰면서 월급의 85% 저축은 무슨. 너도 나처럼 재테크에나 관심을 좀 가져. 너 그러다가 시집 못 간다."

M의 말에는 월급의 85% 저축은 절대 불가능하다는 확신이 섞여 있었다. 하지만 M의 얼굴이 붉어지기까지는 10초도 걸리지 않았다.

"그걸 다 내 돈으로 어떻게 사? 당근 오카랑 아카로 사는 거지!"

'오카'랑 '아카'는 '오빠 카드'와 '아빠 카드'의 줄임말이라고 했다. 씀씀이 규모가 큰 옷이나 화장품의 경우엔 오빠 또는 아빠로부터 카드를 받아쓴다는 것이다. 오빠는 남자친구를 말하는 듯했다. 친오빠라면 카드를 주는 것이 아니라 여동생을 카드 구기듯 자글자글 구겼을 테니까. M은 "어, 그렇구나, 나는 그럼 누카를 찾아야 하나? 누나 카드"라는 되도 않는 개그를 날리는 것으로 민망한 표정을 숨겨야 했다.

하지만 실상 W의 통장도 그리 '부내(부유한 냄새)' 나는 통장은 아니다. 다른 사람들 앞에서는 오카, 아카를 쓰는 철부지 신여성으로 이미지 메이킹을 하고 있지만 사실 그녀 역시 허리띠를 졸라매는 경우가 많았다. 그러나 '저축 요요현상'에서 벗어나지 못하고 있다. W가 털어놓은 속내는 이렇다.

"비굴한 자세로 오카, 아카를 받아내서 쓰는 내 입장도 이해해줘. 사실 나도 엄청 짠순이라고. 자취하는 사람이 과일 사 먹기가 얼마나 힘든지 알아? 나 회사 엠티 때마다 과일 남은 거 몰래 다 챙겨와. 데이트 할 땐 파스타를 먹어도 혼자 있을 땐 김밥으로 때우는 날이 더 많고. 그런데 이렇게 아끼다 보면 '난 왜 이렇게 구질구질하게 살지?' 하는 생각도 들어. 그래서 하루 날 잡고 지갑을 열다 보면 50만원, 100만원이 훌쩍 넘어가버려. 물론 허무하지. 그렇게 아낀 돈을 하루 만에 다 써버릴 때는. 이 죽일 놈의 요요현상은 다이어트에서만 만나는 적이 아니었어."

우리는 모두 '서른살의 통장'을 만들어가지만 통장을 열어보면 각기 다른 결과물이 자리하고 있다. 누구나 꿈에 그리는 것은 '0'이 많이 찍힌 통장, 뒤에서부터 세어봤을 때 '일십백천만십만백만'에서 끝나는 것이 아니라 남들 눈에도 좀 많이 읽힌다 싶은 그런 통장이 '워너비' 통장이다.

제각각의 이유로 우리의 통장 속 숫자들은 성장을 멈췄거나 성장이 더디거나 성장을 겨우겨우 이어가고 있다. 이렇게 결과는 달라도 '서른 살의 통장'을 향한 우리의 발걸음은 언제나 바쁘며 또 열심이다.

누구에게나 비밀은 있다

"세상이 그러하다면 우리는 거기에 적응해 진화하면 된다"고 말하는 이들이 있었다. 우리는 그들의 말에 귀를 기울였다. 그들이 말하는 요지는 이렇다.

"청춘이라는 이유만으로 아파야 할 이유는 없어. 우리가 세상을 보다 더 현명하게 이용하면 되는 거야. 인생 선배들에겐 없었던 또 다른 기회들이 우리에게 널려 있어. 조금 처량해 보이고 구질구질해 보이면 어때? 그게 우리가 살아가는 세상의 모습인데. 그곳에서 좌절할 것이 아니라 나만의 방식을 찾아 적응해 나가면 되는 거야."

우리는 그들을 '시드 세대'라 부르기로 했다. 더 이상 '인생은 한 방'이라는 좌우명이 통하는 시대도 '젊어서 고생은 사서라도 한다'는 조언이 먹히는 시대도 아니지만 적은 돈으로 시작해 나만의 방식으로 종잣돈을 눈덩이처럼 불려나가는 세대. 조금은 서툴고, 외관상으론 가끔씩 구질구질 왕구질한 모습일지라도 현실에 순응하며 서른살의 통장을 성실하게 꾸려나가는 세대.

사실 시드 세대는 그리 멀리 있지 않다. 단지 드러나지 않았을 뿐이다. 그럴 수밖에 없는 것이 유독 주변 사람들과의 대화에서 돈을 어떤 식으로 아끼고 모으는지에 대한 주제는 쉽사리 등장하지 않기 때문이다. 이유는 여러 가지가 있겠지만 어쨌든 다른 사람들에게 나의 소비, 저축 습관을 드러내는 일은 왠지 부끄럽고 낯간지러운 일이다. 저축을 많이 하면 많이 하는 대로, 허리띠를 졸라매면 졸라매는 대로, 있는 모습 그대로를 얘기하기란 쉽지 않다. 그렇다고 다른 사람들에게 재정적인 부분을 묻기도 어렵다. 그래서 친목 모임이나 술자리의 주제는 남자 또는 여자, 아니면 직장 동료나 상사의 험담 들이 대부분이다. 이제 그런 쓸데없는 가십은 집어치우고, 진짜 궁금한 것에 대해 이야기 나누는 게 어떨까? 지금 내 옆의 동료, 학교 동기, 남자친구 혹은 여자친구에게 한번 물어보자.

"서른살의 통장은 안녕하니?"

그리고 통장을 어떻게 성장시키고 있는지, 어려움은 없었는지에 대해 속 시원히 털어놓아 보자. 시드 세대인 우리 모두의 통장에는 저마다의 비밀이 있다. 단언컨대 그들이 드러낸 통장의 속살은 누군가의 잠자리 이야기를 들을 때만큼이나 짜릿할 것이다.

가짜 돈으로 진짜 돈 만들기

□ 포인트 적립에 신경을 쓰는 편이다

□ 새로운 앱이 나오면 꼭 사용해본다

아래의 □ 중 해당되는 항목에 체크하세요.
체크된 항목이 하나라도 있다면 LESSON 1을 꼼꼼히 읽어보세요.

□ 평소 스마트폰을 손에서 놓지 않는다

□ 많은 금액을 저축할 만큼 월급이 많지 않다

□ 포인트 적립에 신경을 쓰는 편이다

□ 새로운 앱이 나오면 꼭 사용해본다

이름 Q	**나이** 30세	**성별** 여
결혼 여부 미혼	**직업** 소프트웨어 개발사 4년 차	
연봉 2,000만원		
현재 자산 2,800만원		

하고 싶은 일 vs 해야 할 일

직업의 종류는 많아졌지만 취업문은 자꾸만 좁아지고, 저 수많은 기업들 중에 나를 받아주는 곳은 왜 없는지 원망스럽다. 아버지 세대의 예비 졸업생들은 기업을 골라 갔다는데 이제는 기업이 우리를 '간택'해줘야 하는 시대이다. 구직란과 구인란이 동시에 존재하는 세상…… 이런 좌절감을 느껴본 사람이라면 또 하나 반드시 해봤을 법한 '배부른 고민'이 있다. 해야 할 일 vs 하고 싶은 일. 이 둘 중에 어느 길로 가야할지에 대한 심오한 고민이 그것이다. 세상이 원하는 나의 모습과 내가 원하는 니의 모습 사이의 괴리감 때문일 것이다.

Q도 이 고민의 중간 지점에 서 있었던 대한민국의 평범한 시드 세대이다.

"참 치열하게 생각했고 치열하게 살았지. 부모님이 원하는 건 대기업 입사 또는 선생님이었어. 그래서 경영학과에 입학했고 캐나다로 어학연수도 떠났지. 어른들은 그러더라. 참 호강하는 세대라고. 글쎄, 난 잘 모르겠어. 맞는 말이기도 하고 틀린 말이기도 해. 우리네 선배들은 농촌 봉사활동이나 야학을 통해 가난과 민주주의를 학습하면서 치열하게 살았지만 우리는 또 다른 의미에서 치열한 것 아닐까? 과연 취업을 위해 빚을 내서라도 어학연수를 떠나야 하는 우리 세대를 호화스럽다고 말할 수 있는 걸까?"

Q가 중국집에서 이과두주를 세 병째 깔 때면 늘 등장하는 레퍼토리다. Q가 하고 싶어 하던 일은 프로그램 개발자였다. 그녀가 22세이던 2006년에 프로그램 개발자라는 직업은 기성세대들에겐 낯선 '듣보잡' 직업이었을 뿐이다. 게다가 여자 개발자는 소위 '공대 아름이'보다도 더 귀한 존재였다.

해야 할 일과 하고 싶은 일 사이에서 고민하던 Q는 26세가 되던 해에 중소 개발사로 들어갔다. 부모님은 결국 "딸아, 딸아, 개딸아"를 외치며 Q의 손을 들어줬다. Q에겐 꿈같은 1년이 지났다.

"아무리 생각해도 대기업의 부장님, 과장님 밑에서 복사기나 돌리고 있는 신입사원의 모습은 상상이 안 되더라. 물론 대기업 사원들이 얼마나 대단한지 알지만 개인적으로 사무실의 답답함을 못 견디겠달까? 그런데 개발사는 아무래도 연령층이 낮고 자유로운 분위기야. 얼마나 좋은지 알아? 게다가 젊은 남정네들은 또 어찌나 많은지. 요즘엔 혁신이 대세여, 혁신!”

큰소리를 뻥뻥 치던 Q의 목소리는 1년 뒤 잦아들었다. 급기야는 친구들을 붙잡고 하소연하기 시작했다. 이과두주 세 병이 목구멍을 타고 들어갔을 때쯤 Q는 오열하듯 외쳤다.

“개발자 월급은 쥐꼬리야, 쥐꼬리!”

앱테크, 어디까지 해봤니

Q의 주장에 의하면 그녀의 월급은 대기업 연봉의 절반 수준이라고 했다. 개발자 연봉은 천차만별인데 천재 개발자 소리를 듣는 이들은 억대 연봉을 자랑하지만 Q와 같은 신입 개발자들은 그저 주는 월급을 “감사합니다” 하고 고개 숙이며 넙죽 받아들여야 한다고 한다.

“워낙 적은 연봉이니 통장을 확인하는 것도 스트레스더라. 통장 잔액이 줄어드는 것을 보고 있노라면 솔직히 직업에 대한 회의감이 드는 것도 사실이더라고. 웃기지? 내가 좋아서 선택한 일인데 결국 돈 때문에 이 일이 싫어진다니 말이야. 아오, 이럴 거면 그냥 대기업 가서 받을 건 받고, 프로그램 개발은 취미로 할 걸 그랬어.”

직장에 들어가 자리를 잡은 뒤엔 반드시 독립을 하겠다던 주장도 쏙 들어갔다.

“독립? 야! 그건 아무나 하는 건 줄 알아? 그것도 먹고 쓰고 그러고도 돈이 남아야 하는 거더라. 부모님의 눈칫밥을 먹는 한이 있더라도 난 시집가는 그 순간까지 우리 집 문턱을 넘지 않으련다.”

하고 싶은 일을 택했지만 결코 행복하다는 생각이 들지 않았다. 일의 ‘빡셈’도 이런 생각에 한몫했지만 결국 문제는 돈이었다. 혼란스러움에 동굴에 들어가 땅까지 팔 기세였던 Q가 달라진 건 손가락 한 마디 크기도 안 되는 ‘앱’에서 생활의 지혜를 발견했을 때였다.

앱테크에 눈을 뜨다

“어? 저 앱은 뭐지? 저건 깔아봐야 해!”

일반적인 20대 후반 여성들은 새로운 쇼핑 아이템을 볼 때마다 “어머, 저건 사야해!”를 외치지만 Q는 달랐다. Q는 천생 개발자였다. 애플의 새로운 아이폰이 국내에 상륙할 때마다 Q는 새벽부터 이동통신사 앞에서 죽치며 번호표를 뽑아 들었다. 그녀의 역사상 제일 빠른 번호가 26번이었다. 당시 Q는 고개를 저으며 이렇게 말했다.

“도저히 1번을 받을 수는 없겠더라. 1번에 서 있는 사람은 그 자체만으로 아우라가 느껴져. 전날 오후부터 밤을 꼬박 샜다나?”

그녀는 신상 가방보다 신상 앱에 눈이 더 빨리 돌아간다. 트레이닝복을 입고 컵밥을 먹으며 SBS 예능프로그램『워킹맨』을 보던 Q. 프로그램 속 멤버들이 누군가로부터 지령을 받는 메신저 앱을 보고는 휴대전화를 집어 들었다. TV 속 메신저 앱은 일정 시간이 지나면 펑 하고 사라지는 형식의 앱이었다. 호기심이 동한 Q는 기어코 해당 앱을 찾아 설치한 뒤 여러 번 사용해본 뒤에야 속이 후련해졌다.

Q가 앱으로도 돈을 벌 수 있다는 사실을 안 건 2년 전이었다. 스마트

폰이 일상생활 속으로 빠르게 확산되기 시작하던 때 Q는 '돈 버는 앱'이라고 적혀 있는 앱을 발견했다. 그것은 지금은 꽤 유명해진 모바일 광고 플랫폼 앱 '캐시슬라이드'였다.

"신통방통하더라고. 난 그저 손가락만 움직이는 것뿐인데 0.002초 만에 5원이 생기는 거잖아. 땅을 파봐라. 1원도 안 나와. 온통 콘크리트 바닥인 서울에서 100원짜리 하나 공짜로 얻기란 헌팅에 성공할 확률보다도 낮지. 마치 화수분을 보는 기분이 들더라니깐."

캐시슬라이드와 같은 리워드Reward, 보상 앱을 설치하면 스마트폰 첫 화면에 광고물이 등장한다. 사용자들은 자신의 스마트폰을 작동하기 전에 이 광고 화면을 가장 먼저 마주하게 된다. 오랫동안 광고 화면을 볼 필요도 없이 화면을 밀어버리면 끝이다. 이 동작만으로도 적게는 5원, 많게는 천원이 적립된다. 적립된 포인트는 앱과 제휴를 맺은 상점에서 '진짜 돈'처럼 쓸 수 있다. 종류가 다양해 커피 값부터 휴대전화 통신비로 사용하는 것까지 가능하다. 물론 현금으로 바꿔주기도 한다.

광고가 넘치는 세상에서 똑똑한 앱 개발자들은 광고를 보는 이들에게 돈을 주는 방식을 생각해냈다. 직장인이라면 대부분 스마트폰을 갖고 있고, 스마트폰을 작동하는 일도 잦다. 때문에 스마트폰 첫 화면에 광고물을 심어놓고 광고를 볼 때마다 돈을 준다면 사람들은 기꺼이 광고를 볼 것이란 생각에서 이 같은 앱이 탄생한 것이다.

Q는 직업의 특성상 휴대전화를 기종별로 2~3개씩은 갖고 있었다. 각 휴대전화별로 개발한 프로그램을 테스트해봐야 했기 때문이다. 앱을 발

견하자마자 "유레카!"를 외쳤던 Q는 모든 휴대전화와 태블릿PC에 캐시슬라이드를 설치했다. 캐시슬라이드 같은 돈 버는 앱은 여러 개발사에서 만들어내고 있다. 처음엔 돈을 모으겠다는 욕심에 열심히 스마트폰을 껐다 켜기를 반복했다. 하지만 앱은 호락호락하지 않았다. 30분에 한 번꼴로만 돈을 주는 광고가 등장했던 것이다. 나머지 시간엔 모두 '무료' 광고가 스마트폰 첫 화면을 차지하고 있었다.

"첫날엔 거의 스마트폰 첫 화면만 주시하느라 일도 제대로 못했어. 팀장이 '너 오늘 하루 종일 뭐 하고 있느냐'며 어찌나 째려보던지. 결국 고민 끝에 경쟁 개발사의 '신기술'을 분석하고 있다고 답했는데, 분석 보고서 내라더라. 젠장!"

Q는 무리하지 않고 앱을 사용해보기로 했다. 휴일이나 쉬는 시간 등 손이 심심할 때만 의식적으로 스마트폰을 켜 첫 화면의 광고물을 넘겼다. 그달 Q의 캐시슬라이드 적립금은 5천원. Q는 공돈이 생긴 기분이었다. 아니, 공돈이 맞는 듯했다. 기업의 마케팅 활동에 부응하며 충실한 고객으로서 광고를 보는 노력을 기울이긴 했지만 뭔가 일을 통해 돈을 벌었다는 기분은 들지 않았다. Q는 이렇게 모은 적립금을 카페라테 한 잔으로 바꿔 먹었다.

"하늘에서 커피 한 잔이 뚝 떨어진 기분이랄까? 아주 쏠쏠한 재미더라고. 호기심에 시작한 일이었지만 어쩌면 이런 앱들이 조금은 내 숨통을 틔워주진 않을까란 생각이 들더라. 그때부터 '앱테크'에 관심을 갖게 됐지. 처음엔 앱테크란 신조어가 있는지도 몰랐어. 나중에서야 '아, 내 스마트폰 속 앱들도 앱테크의 일환이겠구나'라는 생각이 들더라고."

그녀의 은밀한 앱테크 생활

Q는 지난해 새롭게 꾸려진 팀의 막내로 들어갔다. Q는 똑똑했다. 팀의 분위기를 파악하기 위해 가장 먼저 팀장의 성격부터 분석했다. 직장에서 팀의 방향성이나 분위기는 팀원들보단 팀장에 의해 좌지우지된다는 것을 알고 있었기 때문이다.

Q가 첫날 알아낸 팀장의 별명은 '스크램블'이었다. 4등신 정도의 비율에 반쯤 벗겨진 고불고불한 곱슬머리, 찌그러진 얼굴에 불뚝한 배까지, 생긴 모양새가 달걀을 풀어 고슬고슬하게 볶아 만든 달걀 스크램블과 비슷했기 때문이다. 팀원 중 누군가가 만취해 비틀거리는 팀장을 보고 "프라이팬에 굴러다니는 달걀 스크램블을 닮았다"는 말에 그의 별명은 스크램블이 되었다.

스크램블 팀장은 부하 직원들에겐 늘 꼬장꼬장한 시어머니 같았지만 사장님 앞에만 가면 한없이 순한 양이 됐다. 특히 그가 예민해하는 분야는 팀 예산이었다. 직원들이 팀 간식을 사올 때면 사장님 눈치를 보느라 스크램블의 눈에는 언제나 불이 켜졌다. 야근에 지친 스크램블이 벌건 눈을 치켜뜰 때면 꼭 달걀 스크램블에 케첩이 묻은 것만 같았다. 옆 팀이 새로 생긴 양꼬치 집으로 회식을 하러 간다는 소리에 다들 웅성거릴 때도 스크램블의 엉덩이와 입은 무겁기만 했다. 평소 사장님의 동향을 살피던 전광석화 같은 눈치도 이때만큼은 전혀 발휘되지 않았다.

Q가 팀장의 눈에 들기 시작한 것은 연말 송년회부터였다. 스크램블이 있는 팀의 송년회 콘셉트는 언제나 같았다. 싸고 빨리 먹을 수 있는 곳에 가기. 하지만 팀원들은 "제발 올해만큼은 소고기를 굽거나 와인을 따르자"고 아우성이었다. 이번만큼은 절대 양보할 수 없다는 의지를 보이기 위해 '간식 단식 투쟁'까지 일어났다. 이때 Q가 비장의 카드를 꺼내들었고, 송년회의 '잔다르크'로 거듭났다.

Q가 점심시간과 저녁 모임 때 항상 들어가보는 앱이 있다. 점심엔 '열두시' 앱, 저녁엔 '돌직구' 앱이다. 열두시 앱은 직장인들의 점심시간을 겨냥해 만든 것으로 정오만 되면 할인 쿠폰이 뿌려진다. 특정 시간에 소량의 쿠폰만을 뿌리기 때문에 일반 할인 쿠폰보다 혜택의 폭이 넓다는 것이 Q의 마음을 사로잡은 요인이다. 손 빠른 사용자들에게 선착순으로 제공된다. Q는 점심시간 15분 전인 오전 11시 45분만 되면 열두시 앱을 찾아 들어간다. 미리 당일 제공되는 앱을 눈으로 빠르게 스캔한 뒤 손가락 운동을 시작해, 11시 59분 59초가 되는 순간 Q의 손가락은 정확히 원하는 목표물로 내리꽂힌다.

저녁 모임이 잡힐 때는 '돌직구' 앱으로 직진한다. 돌직구 앱 역시 기발한 발상으로 많은 혜택을 제공하는 앱 중 하나다. 사용자가 본인이 원하는 시간과 가격대를 음식점에 제안한다는 것이 기본적인 콘셉트이다. 음식점들이 사용자가 등록한 시간과 가격대에 맞춰 다양한 혜택을 내놓으면, 사용자가 여러 조건을 살펴본 뒤 한 음식점을 낙찰하는 '역경매' 방식이다. Q가 송년회에서 발휘한 것이 바로 '돌직구' 신공이었다. Q는 돌직구 앱을 열고 팀원들의 숫자와 원하는 장소, 가격대를 적어 넣었다.

'10명, 이태원, 예산 10만원.'

1분 뒤, 이태원 근처 음식점들이 보내온 알림이 날아들기 시작했다.

이탈리안 레스토랑 ○○○-전체 금액의 30% 할인

멕시코 레스토랑 △△△-맥주 무제한 서비스

일본식 선술집 □□□□-안주 2가지 무료 서비스

Q는 몇 가지 음식점을 후보군으로 뽑은 뒤 팀원들의 추천을 받아 맥주 무제한 서비스를 제공하는 멕시코 레스토랑을 낙찰했다. 술고래 같은 팀원들의 맥주 값이 줄어드니 전체 회식비는 10만원이 채 넘지 않았다. 스크램블 팀장의 눈에 Q가 들어온 것은 당연한 순서였다.

Q의 앱테크 전략이 식생활에 국한된 것만은 아니었다.

"3~4년 전에 한 TV 프로그램에서 집 밖에 나가지 않고 컴퓨터로만 생활하기 대회를 열었던 적이 있었어. 이때 프로그램 속 패널들이 놀라던 거 기억나? 컴퓨터로 음식을 배달하고, 옷을 주문하는 실험 가족을 보면서 말이야. 『응답하라 1994』를 보는 기분이었겠지. 이제 세상은 바뀌었고 아마 스마트폰 하나만 있어도 일주일은 너끈히 버틸 수 있을 거야. 무려 진화한 형태로 말이야. 스마트폰 속엔 무수히 많은 할인 쿠폰이

들어있으니깐."

Q의 스마트폰 속에 설치된 앱들은 다음과 같다.

뷰티라떼

크리스마스, 생일 등 특별한 날에는 여자들의 손톱부터 특별해져야 한다는 생각에서 출발한 앱이야. 뷰티라떼에서는 뷰티숍 정보에 할인까지 받을 수 있지. 서울 강남 지역을 중심으로 마사지, 네일아트, 스킨케어 등 50개 뷰티숍과 제휴를 맺어서 다양한 할인 쿠폰을 제공하고 있어.

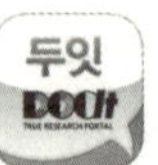

두잇서베이

간단한 설문 조사에만 참여해도 돈이 쌓이는 앱도 있어. 두잇서베이는 사용자에게 설문을 전송하고, 사용자가 응답을 완료하면 쿠폰이나 일정 금액을 지급해. 설문에 참여하면 최소 50포인트에서 최대 2500포인트까지 받을 수 있고, 적립된 포인트는 앱 내 '포인트&쿠폰'에서 사용할 수 있어. 1만 포인트를 적립하면 현금으로 교환할 수도 있고.

커피몬스터

신용카드나 멤버십카드 포인트를 모아서 손쉽게 사용할 수 있는 앱도 등장했어. 커피몬스터는 신용카드와 멤버십카드 포인트를 조회한 뒤 하나로 통합해 커피 쿠폰으로 교환할 수 있는 앱이야. 평소에 잘 몰라 사용하지 못했던 각종 포인트를 모아서 무료로 커피를 구매할 수 있어. KB 포인트리, BC TOP 포인트, 우리모아 포인트, 외환 Yes 포인트, 현대오일뱅크 보너스 포인트, 동양증권 Mypoint, 마이신한포인트, GS&

포인트, KT 합산 포인트를 통합 관리할 수 있지. 이러한 포인트를 스타벅스, 커피빈, 투썸플레이스, 던킨도너츠 등 유명 커피브랜드의 상품권으로 교환해 커피를 즐기는 게 나만의 비법이야.

할인의 달인3

사용자들이 보유하고 있는 신용카드, 체크카드, 멤버십카드, 포인트카드 등 다양한 카드의 할인과 적립 혜택을 한 번에 확인할 수 있는 앱이야. 국내에 출시된 모든 카드의 할인 정보를 제공하기 때문에 본인이 보유하고 있는 카드를 앱에서 검색해 저장해두기만 하면 돼. 결제 전에 혜택이 가장 큰 신용카드나 멤버십카드를 조회해보면 언제 어떤 카드를 꺼내들어야 하는지 쉽게 알 수 있다고.

어바웃 쇼핑지도

자신이 있는 곳 주변의 대형마트, 슈퍼, 백화점 등의 할인 정보를 한눈에 확인할 수 있는 위치 기반 할인 정보 앱이야. 근접 지역의 오프라인 매장에서 진행 중인 행사를 간편하게 확인할 수 있어. 쇼핑 도우미 역할 서비스인 미니앱 3종 세트는 단위당 가격 계산, 할인율, 사이즈 변환 기능을 도입해 꼼꼼한 쇼핑을 도와주기도 해. 예를 들어 '단위당 가격 미니앱'은 마트에서 특정 물건을 구입할 때 단위당 가격이 얼마인지 한 번에 계산을 해줘. 1.5kg짜리 쌀 가격이 35,000원일 때 100g당 가격은 2,333원이라고 계산해주니까 포장 단위가 달라서 가격을 비교하기 곤란한 경우에 유용하지.

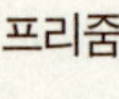 **프리줌**

비자카드 고객을 대상으로 가맹점 할인 서비스를 이용할 수 있는 앱이야. 40여 개 브랜드와 4500여 개 이상의 매장에서 비자카드로 결제할 때 사용할 수 있는 다양한 할인 쿠폰과 프로모션 정보를 제공하지. 비자카드를 갖고 있는 고객이면 누구나 간단한 인증 절차를 거쳐 다양한 형태의 가맹점 할인 쿠폰을 사용할 수 있어.

메디라떼

메디라떼와 제휴한 병원에서 비급여 항목 진료를 받을 경우 진료비의 최대 10%를 포인트로 적립받을 수 있는 앱이야. 실제 해당 병원에서 진료받은 사람만 리뷰를 쓸 수 있기 때문에 댓글 알바생들에게 낚일 염려도 없어.

폰플

스마트폰 통신비를 절약할 수 있는 앱이야. 광고를 보고 나서 관련 문제를 풀거나, 추천하는 앱을 써보고 후기를 작성하면 100~500원씩 적립해줘. 광고마다 인원 제한이 있는데 인원이 다 차지 않은 광고를 선택하면 광고를 보고 문제를 풀 수 있지. 3천원 이상 모으면 통신요금에서 해당 금액을 할인받거나 현금으로 찾을 수 있어. SK텔레콤, 올레KT, LG유플러스 이동통신 3사 가입자 모두 사용 가능하다는 점!

'공돈 기록부'를 만들어라

Q는 앱테크를 시작한 초기에는 일정 금액이 모일 때마다 그때그때 써버렸다. 4,800원이 채워지면 카페라테를 사 먹고 1,800원이 모이면 식빵을 사던 식이었다. 그러면 다시 앱의 적립금은 '제로'로 돌아가 있었다. 허무한 느낌이 들었다. 분명 돈을 모았고, 내 손으로 사고 내 입으로 들어간 것은 맞는데 남는 것이 없는 기분이었다. 마치 통장을 스쳐 지나가는 적금을 보는 느낌이었다.

날짜	앱명	할인 금액	오늘 할인 받은 총 금액
2월 1일	캐시슬라이드	7,000원	7,000원
2월 2일	열두시	2,400원	34,000원
	돌직구	15,000원	
	뷰티라떼(1회 무료)	13,000원	
2월 3일	열두시	3,500원	12,000원
	어바웃 쇼핑지도	4,100원	
	커피몬스터	4,800원	

Q는 앱으로 모은 '공돈'을 눈으로 확인하기로 했다. 말 그대로 '공돈 기록부'를 만든 것이다. 매달 1일을 기점으로 각종 앱에 모인 적립금을 기록했다. 할인 혜택을 주는 앱을 통해 할인받은 금액도 그때그때 공돈 기록부에 적어놓았다. 공돈 기록부는 차근차근 쌓여갔다.

Q가 2월 1일부터 12월까지 11개월간 기록한 공돈 기록부에는 약 800만원가량이 적혀 있었다. 한 달간 평균 70만원을 조금 넘게 앱으로 절약

한 셈이다. 칫솔 하나부터 저녁 모임까지 앱에서 할인 정보를 찾고, 앱 적립금을 모으는 등 '손품'을 판 덕이었다.

"그제야 앱테크에 마침표를 찍은 기분이 들더라. 가짜 돈들이 진짜 돈으로 활약하는 모습을 눈으로 확인하니까 정말 앱으로 재테크를 했다는 생각이 드는 거지. 살림살이가 조금 나아졌냐고? 당연하지. 월급에서 고정적으로 나가던 커피와 빵은 무조건 적립금으로 해결하는 편이야. 이렇게 적립금으로만 먹자는 규칙을 세워놓으니깐 커피와 빵을 즐기던 횟수도 줄더라고. 여자들의 수다 모임에 들어가는 비용도 할인 혜택을 받으면서 크게 줄었고. 그리고 내가 아낀 액수만큼 저축하겠다는 계획을 실행에 옮기면서 돈도 더 모을 수 있게 됐지."

스마트세대, 스마트하게 아끼자

Q는 긍정의 아이콘이었다. 다이어트를 할 때면 배고픈 기분을 즐긴다고 했다. 친구 중 어느 누구도 이해하지 못했지만 Q는 정말 즐기는 듯 보였다.

"꼬르륵 하면서 장이 쏴~ 해지는 순간이 있어. 마치 장에 사이다를 들이붓는 듯한 느낌인데, 그게 은근히 시원하고 중독성 있다니깐."

이런 '돌+I' 같은 발언도 서슴지 않던 Q도 재정적인 어려움 앞에선 약해졌다. 본인이 원하던 직업을 택했지만 결국 부차적인 문제로 직업에 대한 환멸을 느꼈을 땐 스스로에 대한 실망감도 더해졌을 것이다. 결국 Q는 그 문제 역시 스스로 이겨냈다. 가장 좋아하는 분야에서 해결책을 찾은 셈이다. Q는 앱테크가 개발을 업으로 삼고 있는 사람들에게만 해당되는 이야기는 아니라고 했다.

"옛날에 공짜를 너무 좋아하면 대머리가 된다고 했던가? 호호. 그런데 요즘 세상엔 제값 주고 물건을 사는 사람들이 바보 소리 듣는 거 아닌가? 스마트 시대엔 스마트하게 아낄 수 있는 방법들이 아주 많아. 젊은 개발자들은 젊은이들의 마음을 꿰고 있지. 때문에 할인 혜택을 주거나 리워드를 해주는 앱이 하루가 멀다 하고 생겨나고 있는 것이기도 해. 그러니 우리, 즐기자고!"

's TIP

최근 가장 핫한 '비트코인'은
가짜 돈일까, 진짜 돈일까?

1 비트코인은 '도토리'

비트코인은 디지털 가상화폐예요. 싸이월드 미니홈피를 꾸밀 때 사용하는 '도토리'와 비슷한 개념이라고 생각하면 돼요. 2009년 익명의 프로그래머가 '사토시 나카모토'라는 이름으로 개발했어요. 발행하는 곳은 따로 존재하지 않고, 사이버 공간 곳곳에 숨겨져 있어요. 비트코인을 얻는 방법은 두 가지. 고성능 컴퓨터를 돌려 복잡한 수학 연산 문제를 풀면 그때마다 비트코인이 주어집니다. 아니면 돈을 주고 사야 해요.

2 비트코인, 진짜 돈 될까?

비트코인 총량은 이미 정해져 있어요. 2140년까지 2100만 비트코인으로 제한돼 있지요. 발행 총량이 이미 정해져 있기 때문에 화폐 가치가 하락하는 등의 위험성은 없어요. 중앙은행이나 국가 권력이 필요하다고 돈을 무한정 찍어내는 일은 일어날 수가 없기 때문이죠. 현재 절반 이상은 채굴됐으며 남은 비트코인은 100년에 걸쳐 서서히 생산되도록 프로그램이 짜여 있어요.

하지만 이처럼 제한된 공급량이 오히려 화폐로써 비트코인의 기능을 상실하게 만드는 부분도 있습니다. 비트코인으로 무언가를 살 수는 있지만 가격이 매 시각 들쑥날쑥하기 때문이죠. 비트코인 가격은 최근 3년 새 무려 1200배나 급등했어요. 그러다 한순간 절반으로 곤두박질치기도 하지요. 그렇기 때문에 비트코인은 새로운 화폐라기보다는 투기 수단이 아니냐는 의혹도 받고 있어요. 물건을 사는 데 쓰기보다 주식처럼 투자가 우선이라면 '새로운 화폐'와는 거리가 있다고 볼 수 있겠지요.

반면 국내 최초의 비트코인 거래소 '코빗'의 김진화 이사는 한 언론 인터뷰에서 비트코인이 소액 콘텐츠 거래에 유용하다고 설명했어요. "현재 소액 콘텐츠 시장은 글로벌 결제 수단의 애로사항으로 발전이 더디다"며 "비트코인과 같은 전자 가상화폐가 활성화될 경우 전 세계적으로 작은 단위의 금액도 거래가 편리해져서 소액 콘텐츠 시장이 더욱 커질 것"이라고 내다봤죠. 그러면서 그는 "현재 대부분 콘텐츠에 대한 가격보다

는 간접적인 광고비로만 수익을 내고 있는 무료 콘텐츠 시장에 글로벌 소액결제 네트워크가 활용되면 전 세계를 대상으로 유료화 사업 확장도 가능할 것"이라고 밝혔습니다.

3 비트코인 관련 앱

비트코인에 대한 관심이 높아지자 관련 앱도 등장했어요. 아직까지는 전 세계에 위치한 비트코인 거래소가 공지한 환율, 거래량 등만을 보여주는 수준의 앱이에요. 먼저 '제로블록'은 현재 비트코인 거래량을 보여주는 앱으로 최고가, 최저가 등을 알려줍니다. 비트코인 시장 거래 데이터를 뉴스와 함께 보여줘 최근 트렌드를 쉽게 파악할 수 있게 해줘요.

'코인비츠'는 현재 유통되고 있는 80여 개 비트코인 거래 가능 매장에 대한 정보를 실시간으로 업데이트해 사용자에게 알려줍니다. 사용자가 미리 설정한 거래량을 넘어갈 때 알림 기능이 작동해요.

BMW 안 부러운 BMW족

□ 생활비를 아끼고 싶다

□ 택시비나 커피 값으로 쓰는 돈이 많다

□ 타임 세일이나 각종 할인 행사에 무감각한 편이다

아래의 □ 중 해당되는 항목에 체크하세요.
체크된 항목이 하나라도 있다면 LESSON 2를 꼼꼼히 읽어보세요.

□ 큰 지출이 없는 달에도 통장 잔고가 늘 비슷하다

□ 생활비를 아끼고 싶다

□ 택시비나 커피 값으로 쓰는 돈이 많다

□ 타임 세일이나 각종 할인 행사에 무감각한 편이다

<table>
<tr><td>**이름** N</td><td>**나이** 25세</td><td>**성별** 여</td></tr>
<tr><td>**결혼 여부** 미혼</td><td>**직업** 홍보대행사 2년 차</td><td></td></tr>
<tr><td colspan="3">**연봉** 2,400만원</td></tr>
<tr><td colspan="3">**현재 자산** 1,000만원</td></tr>
</table>

낮과 밤이 다른 N의 비밀

N이 지나갈 때면 남자 동료들은 눈을 반짝이며 스캐너가 물건을 스치듯 자동적으로 N을 훑는다. 지난해 대학을 졸업하자마자 중견 홍보대행사에 입사한 N은 사내 '얼짱 3인방' 중 한 명이다. 밤늦게까지 일하다 보면 속 깊은 곳에 묻혀 있던 악랄한 본성까지 나오게 마련이지만, N은 웃는 얼굴과 상냥한 말투가 기본적으로 세팅돼 있다. 프로다. 능숙하진 않았지만 다섯 가지 일을 주문하면 여섯 가지를 하고, 회식 자리에서는 빼지 않고 분위기를 띄운다. 이런 사회생활 능력도 인기를 끄는 요인이었지만, N이 다른 여직원들보다 눈에 띄는 이유는 따로 있다.

긴 생머리에 하늘거리는 하얀 블라우스, 검정색 정장 치마에 8cm 높이의 검정색 하이힐. N은 언제나 단정한 모습으로 출근했다. 전날 삼겹

살집에서 호프, 단란주점까지 이어지는 회식 릴레이를 달린 후에도 N의 출근 모습에는 흐트러짐이 없었다.

입사 초기 N의 여자 동기들도 딱 떨어지는 정장 차림에 찰랑찰랑 머리칼을 흔들며 출근했다. 하지만 시간이 흐르면서 출근 모습이 전날 밤의 상황을 여실히 보여주기 시작했다. 회식한 다음 날에는 전날과 똑같은 옷에 술 냄새를 폭폭 풍기며 들어왔고, 야근할 때면 떡 진 앞머리를 실핀으로 꽂아 넘겼다. 이런 여직원들 속에 있으니 N이 눈에 띌 수밖에 없었다.

그러나 늘 한결같은 N도 퇴근 시간만 되면 변신한다. 하지만 이때도 여자 동기들과는 코드가 다르다. N의 여자 동기들의 경우 낮에는 딱딱한 근무 복장으로 일하지만 밤에는 홍대, 이태원, 강남 등 '핫플레이스'로 2차 출근을 위해 화려한 모습으로 변신한다. 퇴근 시간 전 화장실에서 메이크업을 고치고 겉옷을 바꿔 입는 것도 '불금' 2차 출근을 위해서다. 반면 N의 퇴근 시간 풍경은 좀 다르다. 8cm 힐을 운동화로 갈아 신

　│ LESSON 2

고, 긴 생머리는 머리끈으로 질끈 묶는다. 종종 블라우스와 정장 치마를 벗고 트레이닝복으로 갈아입기도 한다. 아침에 봤던 커리어우먼의 모습은 온데간데없고 집 앞에 마실 나간 백수의 모습으로 180도 달라진다.

N이 퇴근 시간마다 커리어우먼에서 백수로 변신한 지는 1년이 넘었다. 아버지의 퇴직이 가장 큰 원인이다. N이 늦둥이인 탓에 아버지의 정년퇴직은 더 빨리 다가왔다. 외동딸인 N의 어깨에 아버지에 대한 안쓰러움과 함께 짐이 내려앉았다. 늘 어리광부리고 투정만 부릴 줄 알았지 가족을 짊어지는 일에는 서툴렀다. 중소기업을 다니던 아버지의 퇴직금은 그리 많지 않았다. 젊은 시절 먹고살기 바빴던 부모님은 재테크할 여력이 없었다. 고향인 전주에 내려가면 집안 분위기는 그대로였지만 구석구석 노후에 대한 불안감이 내려앉고 있었다. N의 마음도 먹먹해졌다. 직장생활 2년 차, 모아 놓은 돈은 없는데 결혼할 때가 되어도 부모님에게 손을 벌릴 염치가 없었다.

"솔직히 말하면 때론 집에 들어가는 마음도 불편하더라. 괜한 걱정만 하게 되고. 노후 준비 없이 내 뒷바라지만 하셨나 싶어 안쓰럽기도 하고, 한편으로는 원망스러운 마음도 들었어. 난 상황 파악도 못하고 중·고등학교 때 원하는 학원에 다 다니고, 원하는 옷도 다 사 입었는데 말이야. 미래를 생각하니 조급한 마음이 들더라. 돈 나오는 구멍은 한정돼 있고, 쓰는 건 그대로고. 뭔가 달라져야 할 필요가 있었어."

N이 운동화와 함께 시계, 백팩을 챙기기 시작한 것도 이때쯤이다. 이렇게 세 가지 물건을 챙긴 뒤 N은 1년 만에 종잣돈 1,000만원을 모았다고 했다.

응답하라 1997, 돌아온 신발주머니

N은 초등학교 시절부터 키순으로 5번을 넘지 못했다. 키가 작아 항상 고민이었던 그녀는 어머니의 강요에 못 이겨 매일 억지로 우유를 1ℓ씩 마셨다. 하굣길엔 남자 친구들과 함께 동네 체육센터의 농구 교실을 다니기도 했다. 현재 N의 키는 160cm가 조금 못 된다. 성인이 된 지금 예전보다는 커졌지만 여전히 키는 콤플렉스로 남아 있다. 그러니 대학교에 입학한 뒤 하이힐의 세계를 접했을 때 얼마나 기뻤겠는가! 5cm, 7cm, 8cm는 물론 10cm가 넘는 킬힐도 있었다. 힐을 신으면 저절로 어깨가 펴졌고 거울에 비친 자신의 모습이 만족스러웠다. 그렇게 N은 대학에 입학하자마자 '힐마니아'가 됐다. 힐은 곧 그녀의 자존심이었다. 그랬던 그녀가 과감히 힐을 포기했다. 돈을 모으기 시작한 뒤 가장 먼저 힐에서 내려선 이유는 이렇다.

 N의 직장은 오전 10시까지만 출근하면 됐기에 아침 시간은 대체로 여유로웠다. 문제는 저녁이었다. 밥 먹듯이 야근을 했고 퇴근 시간은 오후 10시를 훌쩍 넘기는 날이 많았다. 녹초가 된 몸으로 퇴근한 N은 자주 대로변에 서 있는 택시에 몸을 실었다. 직장이 있는 서울 강남에서 집인 구파발까지 택시비가 2만원씩 나왔다. 택시를 타 버릇하니 편하고 빠른 택시를 두고 '콩나물 버스'나 '지옥철'을 이용하기가 쉽지 않았다. 택시를 이용하는 횟수가 일주일에 1~2번에서 3~4번으로 늘었다. 추운 겨울철에는 거의 매일 택시를 타기도 했다. 별생각 없이 택시를 이용하던 N이 사태의 심각성을 처음 느낀 것은 입사 후 5개월이 되던 때였다. 월 중순께 월급이 모두 사라진 것이다. 입사 초기라 월급이 적은 탓도 있었

지만 월급의 20% 이상을 택시비로 쓴 것이 가장 큰 원인이었다. 사태의 심각성을 인식하면서도 택시의 유혹을 뿌리칠 수가 없었다. 하지만 돈의 소중함을 알게 된 뒤 가장 먼저 아깝게 느껴진 것이 바로 택시비였다. 길거리에 돈을 뿌리고 다니는 기분이었다. '어떻게 하면 택시비를 아낄 수 있을까' 고민하던 N이 택한 것이 운동화다. 운동화 가격은 천차만별이지만 대부분 힐의 반값 수준이었다.

처음엔 힐에서 내려오기가 쉽지 않았다. 막상 운동화로 갈아 신으려니 자신의 치부를 드러내는 것 같아 얼굴이 화끈거렸다. 용기를 내 운동화에 발을 넣는 순간 앞서 했던 걱정들이 물거품처럼 사라졌다. 힐에서 내려와 운동화를 신으니 피곤이 풀리는 느낌이었다. 걸을 때마다 바닥과 충돌해 딱딱 소리를 내던 힐과 달리 운동화는 발에 무리가 가는 느낌이 없었다. 운동화 밑창이 두꺼워 힐만큼은 아니지만 생각보다 키가 작아 보이지도 않았다. 이렇게 N은 1,000만원을 불러올 첫 번째 물건, 운동화와 만나게 되었다.

운동화를 사고 집으로 들어가는 길, 집 앞에 있는 문방구에서 발걸음을 멈췄다. 운동화를 넣고 다닐 신발주머니가 필요했기 때문이다. 초등학교를 졸업한 이후 10여 년 만에 문방구를 찾은 것이었지만 그 시절과 달라진 건 하나도 없었다. 탱탱볼, 공깃돌은 여전히 인기 상품인지 맨 앞줄에 진열돼 있었고 물에 녹는 종이비누와 받아쓰기 공책, 겉표지에 화려한 캐릭터가 인쇄된 스케치북 등 친숙한 물건들이 눈에 띄었다. 그곳에서 가장 무늬가 적은 신발주머니를 골랐다.

N은 출근 때마다 운동화가 담긴 신발주머니를 챙겼다. 처음에는 잊어

버린 채 집을 나오는 일도 종종 있었지만 이제는 습관처럼 현관문을 열기 전 신발주머니를 챙겼나 확인한다. 운동화의 위력은 퇴근 시간에 발휘됐다. 퇴근 시간이 되면 회사 화장실에서 하이힐을 운동화로 갈아 신었다. 걸을 때마다 발이 편하니 몸도 가벼웠다. 운동화로 갈아 신은 후부턴 대중교통을 이용해도 예전만큼 피곤하지 않았다. 되레 운동한다는 마음이 들었다. 택시에 몸을 누이면 늘어진 채 집까지 갔지만 운동화를 신고 집으로 가는 길은 꽤 산뜻했다.

택시를 끊은 이후 N은 이른바 'BMW족'이 됐다. BMW족은 버스Bus와 지하철Metro, 걷기Walking로 출퇴근하는 직장인을 일컫는 신조어다. BMW족이 되니 택시비로 빠져나갔던 돈이 다시 N의 손에 들어오기 시작했다. 그간 주 3일 택시를 이용했을 때 하루 약 2만원씩 일주일에 6만원이 택시비로 나갔다. 6만원은 한 달에 24만원으로, 1년에 288만원으로 불어났다. 대중교통을 이용하는 데도 돈이 들었지만 온전히 택시비로 나갈 뻔한 288만원을 절약한 셈이다. 대중교통을 더 싸게 이용하는 노하우도 생겼다. N은 지하철카드, 지하철 정기권을 사용한 뒤부터 매년 35만원 정도를 절약하고 있다. 강남에서 구파발로 출퇴근하려면 지하철을 두 번 갈아타야 한다. 기본요금 1,050원에 200원이 추가돼 하루 2,500원을 지하철비로 쓰게 된다. 하지만 지하철 정기권을 이용하면 1회당 480원을 아낄 수 있다. 하루 960원은 한 달 28,800원, 1년에 345,600원으로 불어난다. 운동화의 위력은 여기서 끝나지 않았다. 걷는 시간이 늘어나니 자연스레 체중이 감소했다. 체중이 조금씩 줄어들자 욕심이 생겼다. N은 한 정거장 전에 내려 걷는 시간을 더 늘렸다. 운동화로 갈아 신은 후 1년 만에 체중이 3kg이나 줄었다.

"살아, 살아, 내 살들아"는 입사 초기부터 N의 입에 붙은 탄식이었다. '매일 바쁘게 일하는데 왜 살이 찔까?'라는 의문이 들기도 했지만 원인은 간단했다. 하루 종일 앉아서 일해 활동량이 전보다 줄어든 데다 잦은 술자리로 안주를 많이 먹었기 때문이다. 주말에는 '먹고 자고 먹고 자고' 부족한 잠을 채우는 것이 일과였다. 대학 때는 등산 동아리의 임원까지 할 정도로 운동을 좋아했지만 취업하고 나선 운동과 점점 멀어져 갔다. 입사 후 체중이 5kg 늘었을 즈음, N은 급한 마음에 유명 프랜차이즈 헬스클럽을 찾았다. 일반 이용료는 20만원, 개인 트레이너가 붙으면 60만원이었다. 개인 트레이너가 붙으면 살 빠지는 속도가 빨라진다는 헬스장 상담 직원의 말에 혹해 60만원을 결제했다. 처음 한 주는 열심히 나갔다. 개인 트레이너가 시키는 대로만 하니 일주일 만에 살이 2kg이나 빠졌다. 문제는 그 이후였다. 일주일간 너무 열심히 운동한 결과 온몸에 욱신욱신 통증이 느껴졌고, 여기에 피곤이 쌓이니 몸이 무거웠다. 몸이 안 좋다는 핑계로 한 번을 빠지고 나니 두 번째, 세 번째 빠지는 것은 쉬웠다. 그렇게 다니는 둥 마는 둥 한 달을 보냈다. 왜 월초, 연초에는 긍정적인 생각만 하는 것일까? 이 정도면 그만둘 법도 했지만 N은 월초, 재등록 기간만 되면 다시 새로운 마음으로 등록을 갱신했다. 결국 몸이 아프고 피곤한 순으로 전월과 같은 일이 반복됐다. 한 주 만에 뺐던 2kg은 LTE급 속도로 원상 복구됐다. 월 60만원짜리 헬스클럽을 다녀도 줄지 않았던 체중이 걷는 시간을 조금 늘린 것만으로 쭉 빠졌다. 운동화가 N의 고민이었던 '절약'과 '다이어트' 두 가지를 해결해준 것이다. 이번 기회에 유명 프랜차이즈 헬스장 등록도 갱신하지 않기로 했다. 덕분에 매달 허공에 날렸던 60만원도 절약할 수 있었다.

운동화를 신고 있는 시간이 길어지면서 힐에 대한 집착도 줄었다. 백화점에 가도 예전만큼 힐에 눈길이 가지 않았다. 계획적인 소비가 없었을 당시에는 예쁘다는 생각이 들면 일단 매장에 들어가 신어 봤다. 절약의 재미를 맛본 뒤부터는 예쁜 힐을 봐도 '예쁘지만……'이라는 생각이 먼저 들었다. 당연히 '지름신'이 찾아오는 횟수가 눈에 띄게 줄었다.

"너도 돈이 모이지 않는다면 한번 잘 살펴봐. 내가 택시비, 헬스클럽 회원비로 매달 100만원가량을 날린 것처럼 너의 소비 생활에도 구멍이 있을 거야. 습관처럼 별생각 없이 나가고 있는 돈을 막는 방법은 생각보다 쉬워. 내가 운동화 하나로 절약을 시작한 것처럼."

가격 내리는 마법의 시계

N은 '택시를 덜 타자'라는 목표 하나로 절약과 인연을 맺었다. 조금 더 걷는 것만으로도 큰 돈이 모이자 점점 절약에 관심이 생기기 시작했다. TV에 나오는 짠순이들처럼 먹을 것 못 먹고 하고 싶은 것 포기하면서 절약할 자신은 없었지만, 손쉽게 아낄 수 있는 것은 노력해보기로 했다. 택시비처럼 생각 없이 빠져나가는 '월급 구멍'을 찾기 위해 전월 카드 명세서를 뽑아 봤다. 월급의 30% 이상이 식비로 나가고 있었다.

N은 서울에 올라온 뒤부터 강남의 한 대학병원에서 일하고 있는 친

척 언니와 함께 살고 있다. 친척 언니가 월세와 수도세, 전기세, 난방비 등 관리비를 내고 N은 식비와 각종 생활용품 비용을 담당하는 것으로 경제권을 나눴다. 두 사람 다 일을 하다 보니 간편한 냉동식품이나 즉석 요리 제품을 선호했다. 2주에 한 번씩 장을 보면 15만원 이상이 나왔다. 종종 밥 차리기가 귀찮으면 백화점 지하 식품관에서 요리를 사오거나 외식을 즐겼다. 식비를 아끼자고 세 끼를 두 끼로 줄이거나 싼 음식만 찾아 먹을 수는 없었다. 그렇게 식비 절약 방법을 찾던 중 만난 물건이 '시계'였다.

"아이고, 20분만 기다리지."

"네? 저 말씀이세요?"

"그래. 요구르트 산 아가씨. 20분 후에 반값 세일하는데 조금만 기다렸다 사지 그래."

"반값이요? 감사합니다, 아주머니."

"아가씨 여기 자주 오지? 근데 세일 행사를 잘 모르는 거 같더라고. 내 딸뻘 되는 거 같은데 전단지 잘 챙겨봐."

마트 판촉 아주머니가 건넨 전단지에는 '17일 오후 7시부터 8시까지 ㅇㅇ유업 우유, 요구르트 반값', '오후 8시부터 생삼겹살 30% 할인' 등 시간대별로 할인하는 상품이 소개돼 있었다. 매일 마트에서 품목을 바꿔가며 '타임 세일'을 진행한다는 것을 안 것도 이때였다. 이후 N은 대문 앞에 붙어 있는 마트 전단지를 모아 시간대별로 세일 품목을 정리했다.

시간대별로 살 물건이 다르다 보니 장 보러 가기 전 시계를 챙기는 것은 필수적인 절차가 되었다. 시계와 메모지를 챙긴 후부터 식비는 눈에 띄게 줄었다. 장 보는 비용은 2주에 15만원에서 10만원 아래로 뚝 떨어졌다.

타임 세일을 챙기지 못할 땐 폐점 시간 직전에 남은 물량을 '떨이'로 싸게 사오기도 했다. 아침에 먹을 빵을 살 때 자주 이용했던 제과점도 마찬가지였다. 다음 날 새로 구운 빵을 팔기 위해 문 닫기 전 남은 물량을 싸게 판매했다.

N이 가장 즐기는 것은 백화점 타임 세일이다. 계절에 한 번씩, 특별한 날에나 한 번씩 할인 행사를 벌였던 도도한 백화점도 폐점 시간을 앞두곤 고개를 숙였다. 백화점 식품관은 폐점 시간을 앞둔 매일 오후 6시쯤부터 타임 세일을 진행한다. 6시가 조금 넘으면서 정상가보다 20~30% 싸게 판매하다 폐점 시간이 임박해오면 최대 반값까지 할인율을 올린다. 백화점 식품관에서도 시간만 확인하면 반값에 쇼핑을 할 수 있는 셈이다. 회사 근처에 있는 백화점은 오후 6시 이후부터 N이 친척 언니와 즐겨 먹던 한 팩에 5천원짜리 이탈리안 요리 세 팩을 1만원에 판다. 동네

빵집보다 비싸 언니를 졸라 사 먹었던 고급 베이커리의 빵은 봉지당 3천 원에서 두 봉지에 5천원으로 뚝 떨어진다. 백화점 식품관 타임 세일이 정점을 찍는 시간은 정기휴무 전날 저녁이다. 백화점은 신선도가 생명인 식품류의 재고를 줄이기 위해 정기휴무 전날에는 평소보다 많은 제품을 큰 폭으로 할인한다. N이 언니와 백화점 식품관 쇼핑을 즐기는 날도 바로 정기휴무 전날이다. 정기휴무 전날 저녁에는 퇴근 후 언니와 만나 그간 먹고 싶었던 것들을 한꺼번에 쇼핑한다.

"자취하는 친구들은 식비 부담이 얼마나 큰지 알 거야. 대형마트와 백화점의 타임 세일을 이용하면 정상가의 50~80% 선에서 쇼핑할 수 있어. 장 볼 때 시계는 필수 아이템이지. 개인마다 즐겨 먹는 음식이 다르니까 유통점별로 언제 어떤 식재료를 싸게 파는지 파악해두는 게 좋아."

여자의 가방은 만물상

여자의 가방은 꺼내도 꺼내도 끊임없이 무언가가 나오는 만물상 같다고들 한다. 보통 여성들의 가방에는 파우더, 립스틱, 립글로스, 아이라이너, 마스카라 등 화장품이 담긴 파우치와 휴지, 휴대폰, 지갑, 스케줄러, 펜, 짬짬이 꺼내 읽을 책 등이 들어 있다. 이 많은 것들이 손바닥만 한 핸드백에 들어간다는 게 놀라울 법도 하겠다.

N의 가방은 이런 핸드백의 2배 크기인 '백팩'이다. 크기에 비례해 안에 들어가 있는 내용물도 다른 여자들이 갖고 다니는 것보다 훨씬 많다. N도 처음에는 손바닥만 한 크기의 핸드백을 들고 다녔다. 하지만 퇴근 후 힐을 운동화로 갈아 신으면서부터 가방도 백팩으로 바꿔 멨다. 핸드백을 드는 것보다 백팩을 메는 것이 훨씬 걷기에 편했다. 양쪽 어깨에 나눠 메니 핸드백을 한쪽 어깨에 걸치고 다닐 때보다 가방의 무게도 가볍게 느껴졌다. 처음에는 단순히 걷는 시간을 늘리기 위해 백팩을 멘 것이었지만 나중에는 N의 절약을 돕는 물건이 됐다. N에게 1,000만원을 불러온 세 번째 물건이다.

백팩이 가져온 첫 번째 효과는 별다방 커피와의 이별이다. N의 전월 카드 명세서에 가장 많이 기록된 상호명이 별다방이었다. 월급의 가장 많은 비중을 차지하는 식비에서 별다방 커피를 사 마시는 데 드는 비용은 적지 않았다. N은 회사 건물 1층에 있는 별다방을 자주 이용했다. 특히 아침에 출근해서 사무실에 올라가기 전에 꼭 별다방에 들러 아메리카노를 샀다. 아침 식사보다 잠을 택해 빈속으로 출근하는 날이 많았고,

아메리카노를 마셔야 잠이 깨는 기분이 들었다. 보통 별다방 커피는 아침 시간에 한 잔씩 마셨지만 점심 후 잠이 몰려오는 2~3시께 직장 동료들과 내려가 한 잔을 더 사 먹기도 했다. 하루 적게는 3,900원이, 많게는 7,800원이 커피 값으로 나갔다. 한 달 치를 계산해보면 117,000원에서 234,000원 선이다.

별다방 커피를 대체할 음료를 찾기 위해 집 앞 대형마트에 갔다. 처음에는 별다방 아메리카노를 대신할 음료로 프림과 설탕이 든 커피믹스나 녹차, 유자차 정도를 생각하고 집을 나섰다. 하지만 막상 마트에 가보니 굳이 아메리카노를 끊을 이유가 없었다. 커피 진열대에는 여러 가지 종류의 원두커피믹스가 진열돼 있었다. 원두커피믹스는 일반 커피믹스처럼 물에 타 먹는 원두커피로 커피전문점의 원두커피 맛과 흡사하다. 원두커피믹스의 종류는 N이 매일 찾는 별다방 제품부터 국내 유통업체의 제품까지 다양했다. 가격은 별다방 아메리카노의 3분의 1에서 10분의 1 수준이었다. N은 국내 커피업체에서 출시한 원두커피믹스 10개들이 한 팩을 샀다.

그다음 날부터 집에 있는 머그컵과 원두커피믹스를 백팩에 넣어 가지고 다니기 시작했다. 머그컵을 씻어야 한다는 게 조금 귀찮았지만 매일 저녁 주방에서 2분씩만 투자하면 해결될 일이었다. 원두커피믹스의 맛은 생각보다 훨씬 괜찮았지만 별다방 커피를 완전히 끊지는 못했다. 노곤한 오후 시간 별다방 행을 권하는 동료들의 제안을 뿌리치기가 힘들었다.

"N씨, 졸리지 않아? 우리 10분 뒤에 1층 별다방에서 보자."

"별다방 말고 휴게실로 오실래요? 제가 맛있는 커피 타 드릴게요."

"그래? 알았어, 이따 휴게실로 갈게."

N은 친한 직장 동료들에게 먼저 원두커피믹스를 추천했다. 동료들 사이에서 '싸고 맛있다'는 입소문이 퍼지자 사내에서 '커피 값 아끼기' 바람이 불었다.

백팩을 활용한 절약은 여기서 멈추지 않았다. N은 가방의 여유 공간에 스타킹과 여성용 위생용품을 넣고 다닌다. 스타킹과 위생용품은 매번 여성들을 편의점으로 직행하게 만드는 물건이다. N도 여성들의 생활필수품인 스타킹과 위생용품 챙기는 것을 잊어버려 매번 편의점에서 비싼 가격에 샀다. 급하게 편의점으로 뛰어가는 불상사를 예방하기 위해 N은 할인점에서 저렴하게 산 여성 필수품을 가방에 넉넉하게 넣어 뒀다.

절약, 생각보다 즐거운 습관

N은 과거에는 재테크 얘기만 나오면 꿀 먹은 벙어리가 되는 쪽이었다. 금리가 얼마고 적금을 들고 비과세가 어떻고 등의 얘기는 먼 나라 이야기였다. 월급 지급일부터 다음 달 월급 지급일까지 N의 통장에 남아 있는 돈은 지금껏 '0'원이었다. 신입사원이라 급여가 적고 언니와 자취하고 있어 남들보다 돈 나갈 곳이 많다는 점 등 남이 들으면 고개를 끄덕일 만한 이유가 있었지만 오히려 마음이 석연치 않았던 것은 N이었다.

그런 N의 통장에 1년 만에 1,000만원이 모였다. 의류비, 피부관리비 등 추가적으로 다른 소비를 줄이기도 했지만 '운동화를 신고 걷는 것', '장 보는 시간을 조금 앞당기거나 늦추는 것', '작은 핸드백 대신 백팩을 멘 것' 등 사소한 행동이 하나하나 모이니 큰돈으로 변했다. 불과 1년 전만 해도 '절약'은 주부들을 위한 정보 프로그램에서나 들을 수 있는 단어였다. 휴지를 다섯 칸 이상 사용하지 않는 짠돌이와 식재료 꽁다리를 이용해 반찬을 만드는 짠순이는 N과 다른 세상에 살고 있는 사람들이었다. 하지만 씀씀이를 줄이면서 몸소 체험한 절약은 TV에서 본 것처럼 어렵거나 구질구질하지 않았다. 오히려 돈이 점점 불어나는 게 보이면서 재미가 쏠쏠해졌다. N은 매달 카드 결제일에 소비 금액이 늘어났다 싶으면 추가로 절약할 거리가 없는지 찾아본다. 또 이제껏 모은 돈을 더 크게 불릴 재테크 방법을 찾으며 두 번째 도약을 준비하고 있다.

"'티끌 모아 태산'이라는 속담 있잖아. 그 속담을 마지막으로 썼던 게 초등학교 미술 시간이었던 것 같아. 포스터를 만들면서 빨간 돼지저금통 그림 위에 표어로 넣었지. 그때 배운 게 이제야 마음에 와 닿아. 정말 티끌처럼 사소한 습관들이 나중에 목돈을 불러오더라. 내가 지금까지 모은 돈이 그렇게 큰 규모는 아니지만 그래도 다행인 건 30대가 되기 전까지 티끌 모을 시간이 좀 남아 있다는 거야. 1,000만원 모으기에 성공했으니 이제 2,000만원을 불러올 사소한 물건을 찾아봐야지."

생활 속 절약,
이것만은 반드시 알자

1 택시를 저렴하게 이용하는 방법

일단 택시 이용 시 요금 체계를 숙지하고 있어야겠죠. 서울을 기준으로 택시 기본요금은 3천원이에요. 기본거리 2km를 지나면 142m당 100원씩 더 해집니다. 할증요금도 계산해봐야겠죠. 할증요금에는 시외로 나갈 때 적용되는 '시계외할증'과 밤 12시부터 오전 4시까지 요금을 더 내는 '심야할증' 두 가지가 있어요.

최근 카드사들이 택시비 등 교통비를 5~10% 할인해주는 카드를 잇달아 내놓고 있어요. 택시비 결제 시 이 같은 할인 카드를 사용하는 방법도 있죠.

2 시간이 돈이 되는 곳

대형마트, 백화점뿐 아니라 대형 슈퍼마켓, 각종 온라인 쇼핑몰에서도 타임 세일을 진행해요. 또 일부 공연 티켓판매사와 여행사도 일정 시간에만 할인 혜택을 주는 이벤트를 실시해요. 출근 시간 커피전문점에서 샌드위치 등 요깃거리와 음료를 할인 판매하는 것도 타임 세일이죠. 관심을 갖고 찾아보면 타임 세일을 하는 곳이 굉장히 많아요.

타임 세일은 아니지만 시간이 돈이 되는 곳도 있어요. 바로 병원이죠. 평일 오후 6시 이후나 토요일, 공휴일에 병원을 가면 진료비에 30%의 가산금이 붙어요. 만 6세 미만의 아이가 야간진료를 받을 경우에는 100%의 가산금을 내야 해요.

3 타임 세일로 밤늦게 산 식품, 믿고 먹을 수 있나

대형마트와 백화점 식품관은 고객을 끌어 모으기 위해 이벤트성으로 타임 세일을 진행하고 있어요. 유통기한이 짧은 식품류의 재고를 줄이기 위한 방법으로도 활용되죠. 타임 세일로 밤늦게 식품을 살 경우 장바구니에 담기 전 유통기한을 확인하고 사는 것이 좋아요.

참고로 식품류에는 유통기한과 소비기한이 있어요. 예를 들어 우유는 유통기한이 14일이지만 소비기한은 45일이에요. 두부는 유통기한이 14일이지만 소비기한은 90일이나 되죠. 유통기한은 말 그대로 유통이 가능한 기간, 소비기한은 소비가 가능한 기간을 뜻해요. 개봉하지 않고 냉장 보관할 경우 소비기한까지는 음식을 먹어도 됩니다.

4 알뜰 장보기에 도움이 되는 사이트나 앱

한국소비자원은 생활필수품 가격을 비교·검색할 수 있는 'T-Price' 사이트 http://www.tprice.go.kr와 앱을 운용하고 있어요. 대형마트, 백화점, 슈퍼마켓, 전통시장, 편의점 등 전국 200개 판매점에서 파는 120개 품목의 가격 정보를 제공하죠. 가격 정보는 매주 금요일 오전에 업데이트돼요. 가격 정보를 확인하고 가면 더 알뜰하게 장을 볼 수 있겠죠?

건강관리 앱 개발 기업
〈눔Noom〉 정세주 대표

여수 촌놈에서 글로벌 앱 대표로
"네가 진짜로 원하는 게 뭐야!"

이 책에서 맨 처음 등장했던 34세 B의 정체가 바로 눔 정세주 대표다. 절대 잊지 못할 취재원 중 단연 세 손가락 안에 꼽힐 정도로 열정과 끼가 넘쳤지만 그도 '시드 세대'에서 예외가 될 순 없었다. 소위 '금수저'를 물고 태어난 것도, 타고난 재능이 있었던 것도 아니었다.

한창 예민하던 고등학생 시절 아버지가 돌아가시며 인생의 전환점이 찾아왔다는 것 정도가 조금 달랐을 뿐이다. 이때부터 정 대표는 '내가 진짜 원하는 게 뭐야'에 인생의 초점을 맞추기 시작했다.

'삼성 공화국'에서 벗어나다

홍익대학교에 진학했지만 이것 역시 본인이 정말 원하는 일을 하는 것과는 거리가 있었다. 주변을 둘러보니 모두가 '삼성 취업'에 목을 매고 있었다.

선배들에게 두 가지만 물었다. 첫째는 "삼성에서 돈 얼마 받아?"였다. 솔직히 그리 많지 않았다. 당시 정 대표는 대학 1학년 때 시작한 CD 사업으로 연매출 10억원이 넘는 사업가였다. 두 번째 질문은 "삼성 다니다가 나중에 뭐할 거야?"였다. 돌아온 답은 "삼성의 전략을 따라서 잘살아야지"였다. 너무 재미없다고 느꼈다. 결국 그는 자퇴를 택했다. 1년 동안 번 돈은 모두 어머니에게 드렸다. 돈보다 진정한 자신의 꿈을 찾는 게 더 중요했다.

'원하는 일'을 위해 미국으로 떠났지만 그의 생활은 처참할 정도로 바닥을 쳤다. 미국에서는 잇단 사업 실패로 목과 왼팔이 마비됐을 정도였다. 월세 5,000달러인 화려한 집에서 슬럼가의 허름한 집으로 밤 12시에 도망치듯 이사했다. 이사 때 이용한 엘리베이터 사용료까지 아껴야 했기 때문이다.

생계를 위해 수세미·블라인드 등을 닥치는 대로 팔았다. 이렇게 번 돈 1,000만원을 밑천으로 구글 직원이던 친구와 함께 IT 헬스케어 사업을 시작했다. 그러나 결과는 또다시 참담한 실패였다. 한때 삶을 포기할 생각까지도 했다. 허드슨 강가에 나가 강물을 바라보며 자신의 처지를 비관했다.

하지만 정 대표는 좌절하지 않고 건강관리 모바일 앱 사업을 시작했다. 그것이 '눔'이었다. 현재 눔은 구글 플레이스토어에서 건강관리 분야 1위에 올라 있다. 한국보다 뉴욕에서 먼저 성공한 '한국산 앱'으로 지난해에 한국에 역진출했다. 금의환향한 셈이다.

절약 생활이 사업 아이템으로

정 대표는 '시드 세대' 절약의 종합 교과서다. 교통비를 아끼기 위해 운동화를 신고 하루에 2시간씩 걸었다. 돈이 없어 밖에서 밥을 사먹은 적도 없었다. 이렇게 하다 보니 몸무게는 7kg이 빠졌고 통장의 돈은 불진 않았어도 크게 줄지도 않았다. 이 당시 정 대표의 생활이 현재 '눕'의 모티프가 됐다.

구글 식당에선 '공짜 점심'을 얻어먹었다. 구글은 직원들에게 공짜 점심뿐만 아니라 저녁으로 샌드위치도 제공한다. 정 대표는 구글 친구들이 회사에서 가져온 샌드위치로 저녁을 때우곤 했다. 일주일에 세 번은 구글에 점심을 먹으러 갔다. 그때 같이 밥 먹으며 알게 된 구글 직원 5명이 현재 눕의 직장 동료가 됐다.

정 대표는 안 되는 이유보다 되는 이유를 생각해 보라고 강조한다.

"무작정 미국으로 갔는데 영어도 못했고 아는 인맥도 별로 없었어요. 뭘 해도 '안 되는 이유'가 많았죠. 그때 거꾸로 '되는 이유'를 생각해보면 어떨까 하는 생각이 들더군요. '아직 나는 젊고 가진 게 없으니까 잃을 것도 없고, 기회는 많다'라고 마음을 고쳐먹었어요."

시행착오는 반드시 거쳐야 할 과정이다. 그날 시도해보고 안 되는 것은 오류일 뿐 실패가 아니라고 말한다. 오류가 나타나면 왜 그런지를 분석하고 다시 시도하면 될 뿐.

정 대표는 도전을 앞둔 청년들이 사색하는 시간을 많이 갖길 바란다고 했다.

"내가 원하는 게 무엇인지, 어떤 삶을 살고 싶은지를 고민하는 시간이
자신을 성숙하게 만들어요. 주위 시선, 좋은 학교, 좋은 직장 등 주변 환
경을 다 배제하고 오로지 '나'만을 생각해보는 시간을 가져보세요."

은행을 백화점 가듯, 적금을 쇼핑하라

□ 자유적금과 정기적금의 차이를 잘 모른다

□ 재형저축이 무엇인지 모른다

아래의 □ 중 해당되는 항목에 체크하세요.
체크된 항목이 하나라도 있다면 LESSON 3을 꼼꼼히 읽어보세요.

□ 은행에 가는 일이 귀찮게 느껴진다

□ 자유적금과 정기적금의 차이를 잘 모른다

□ 재테크를 시작할 나이가 되었다고 생각한다

□ 재형저축이 무엇인지 모른다

이름 H	**나이** 28세	**성별** 여
결혼 여부 미혼	**직업** 대학병원 5년 차 간호사	
연봉 4,000만원		
현재 자산 5,000만원		

여자들의 계산대

이탈리안 레스토랑에서 수다 삼매경에 빠진 여자들. 접시가 바닥을 드러낼 때쯤이면 여자들의 머리가 빠르게 회전하기 시작한다. 남자 얘기, 드라마 얘기를 할 때만 해도 EQ를 총동원해 '말빨'을 뽐내던 그녀들은 이제 IQ를 가동해 머릿속으로 계산기를 작동시킨다.

'해산물 까르보나라 19,000원+오징어 먹물 리조또 23,000원+샐러드 피자 25,000원=67,000원. 4명이서 먹었으니까 4로 나누면 1인당 16,700원 정도가 되겠구나.'

다음은 과거의 추억을 더듬는 시간.

'그때는 C가 냈고 저번에는 B가 냈네. 이번에는 D가 낼 차례인데 저 짠순이가 과연 지갑을 열까? 최근에 D한테 뭐 축하할 만한 일이 없었던

가? 참, 얼마 전에 B가 생일이었으니까 나머지 3명이 나눠서 내자고 하려나?'

온갖 경우의 수를 생각한 네 명의 여자들은 계산대 앞에 서는 순간 더욱 치열해진다. 눈동자는 계산대 점원을 향해 있지만 이미 180도로 펼쳐진 시야는 친구들의 손동작을 스캔 중이다.

누군가가 지갑을 꺼내들며 "오늘은 내가 낼게"라고 하기 전까진 다들 머뭇머뭇. 기다리던 멘트가 나오는 순간 지갑으로 향하던 나머지 여자들의 손은 LTE급 속도로 멈춘다. 약간은 미안하고 약간은 고마운 표정으로 "잘 먹었어. 다음엔 내가 살게"란 훈훈한 마무리가 이어진다.

대부분 비슷비슷한 '여자들의 계산대' 풍경이다. 그러나 29세 H에겐 조금 다르다. 친구들 사이에서 '큰손'으로 통하는 H는 언제나 계산대에서 신용카드를 가장 먼저 내미는 쪽이다. 친구들이 주춤할 새도 없이 H는 당당하게 "이건 내가 살게"를 외친다. 본인의 카드가 무참히 긁히는 순간에도 짜증나는 표정을 지어본 적이 한 번도 없었다.

때문에 H의 큰손을 목격(?)한 친구들 사이에서 자연스럽게 'H=부잣집 딸'이라는 인식이 생겼다. 물론 H가 성격상 계산대 앞에서 눈치를 보는 애매한 분위기를 유난히 싫어하기도 했지만 그녀에게 뭔가 '믿는 구석'이 있는 것만큼은 확실했다.

H의 키다리아저씨를 목격하게 된 것은 얼마 전이었다.

통장, 나 너 좋아하냐

H에게서 전화가 한 통 걸려왔다.

"동양증권 뉴스 봤어? 나 사실 세 달 전에 동양증권 고위험군 상품에 가입했었거든. 지금 돈을 빼야 할까? 상황이 어때? 사람들이 오버하는 건 아니야? 어쩌면 좋지?"

H의 목소리는 다급했다. 그녀는 대답을 들을 틈도 없이 질문을 쏟아냈다. H가 처한 상황에 최대한 침착히 답해주긴 했지만 그녀의 질문보다 놀라웠던 것은 H가 동양증권 상품의 가입자라는 사실이었다. 그럴 만도 한 것이 H가 늘 우리에게 보여줬던 모습은 '카드를 긁는 아름다운 뒷모습'이었기 때문이다. 그렇다 보니 H는 소비에만 관심이 있는, 재테크 문외한의 이미지였다. 그런 H가 금융상품 중에서도 수익 창출 구조가 복잡한 상품에 가입했다는 사실은 "어머, 너님은 누구세요?"를 외치기에 충분했다.

당시 동양증권 사태는 동양그룹의 살림살이가 급격하게 어려워져 그 계열사인 동양증권 개인 투자자들에게까지 피해가 가는 상황이 벌어진 것으로 세상을 떠들썩하게 했던 뉴스였다. H는 그 개인 투자자들 중의 한 명이었던 것이다.

H에게 다시 연락이 온 건 그로부터 일주일 뒤였다. 동양증권 사태가 악화되자 마음이 급해져 고민 상담을 하러 찾아온 것이었다. H의 키다리아저씨가 밝혀진 것도 이때였다.

H가 주르륵 펼쳐놓은 것은 다양한 은행, 증권사의 통장과 약정서류.

대강 훑어만 봐도 H가 내놓은 통장 개수는 일반적인 수준이 아니었다. 상품 종류도 다양했다. 본인이 가입한 상품에 대해 설명하는 H는 경제 전문가보다 더 전문가 같았다.

H의 직업은 대학병원의 내과병동 5년 차 간호사. 취업과 동시에 통장을 만들어 재테크 경력도 5년 차가 됐다고 했다. 그녀의 키다리아저씨인 통장은 모두 8개였다. 통장 속살을 들여다 보니 5년간 총 5,000만원가량을 모은 상태였다. 맙소사!

"뭘 이런 걸 갖고 놀라고 그래? 누구나 다 이 정도는 하고 있는 거 아니야?"

띠로리. 살짝 이성을 잃은 내가 그녀의 눈앞에서 통장을 찢으려는 사태가 발생하자 그제야 H는 모든 것을 고백(?)했다.

"너도 알다시피 내가 세상 돌아가는 거에 관심이 많다거나 경제에 눈이 밝은 스타일은 아니잖아. 그런데 어느 순간 내가 은행이나 증권사 상품을 꿰고 있더라고. 물론 처음엔 나도 엄청 어려웠지."

첫 만남은 짜릿했다

첫 월급을 받은 뒤 H가 처음 찾아간 곳은 백화점이 아닌 은행이었다. 야심 찬 발걸음을 옮겼지만 집에서 5분 거리에 있는 ㅇㅇ은행과의 첫 만남은 실패로 돌아갔다. "신분증을 지참하고 다시 오라"는 말을 듣고 쓸쓸히 뒤돌아서야 했기 때문이다. 귀찮고 두려운 마음을 누르고 두 번째 방문을 했을 때 어렵게 입을 열었다.

"어, 저기요, 제가 첫 월급을 받았는데요. 이 돈을 좀 굴리고 싶은데 방법을 잘 몰라서요. 진짜 정말 아무것도 모르는데 혹시 뭐 추천해주실 만한 것이 있는지……."

왠지 민망한 기분에 속사포 랩을 하듯 말을 쏟아내자 은행 직원이 '네 맘 다 안다'는 듯 웃음을 지어보였다. 은행 직원은 여러 가지 상품을 보여주며 나긋나긋하게 설명했다. 긴장했던 마음이 서서히 풀리고 눈앞에 신세계가 열리는 듯했다. 세상에 이렇게나 많고도 심오한 상품들이 있다는 걸 왜 예전엔 몰랐는지, 그동안 시간을 낭비한 것 같은 생각이 들기도 했다.

설명을 듣고 집에 돌아와 복습을 했다. 들을 땐 알 것 같았는데 다시 보니 모르겠는 것들이 수두룩했다. 결국 다음날 다시 은행을 찾았고 자연스럽게 은행 직원과도 친분이 쌓였다. 직원 외모가 훈훈했다는 것도 H의 방문이 잦아진 원인이었지만 H는 실제로 은행이 '재테크 개인교습 학원' 같은 기분이 들었다. 그것도 돈을 내야 하는 학원이 아니라 돈을 벌어다주는 학원.

하루는 은행을 너무 자주 가서 직원이 귀찮아하는 것은 아닌지 걱정스런 마음이 들어 이렇게 물었다.

"제가 너무 자주 찾아와서 업무에 방해가 되는 것은 아닌가요?"

직원이 답했다.

"솔직히 말씀드릴까요? 정말 아니에요. 오히려 저희가 감사하죠. 단골 고객이 생기는 셈인걸요. 그런 걱정은 하지 마시고 자주 오세요. 은행을 자주 찾는 건 고객님이 정말 잘하시는 거예요."

그 후 H는 은행으로 가는 발걸음이 한결 가벼워졌다. 또 다른 은행 상품에 관심이 갈 때는 반드시 해당 은행을 찾아가 이야기를 나누는 습관도 생겼다. 그러다 보니 자연스럽게 친분이 쌓이는 은행 직원들이 늘어갔고, 이들은 단골 고객인 H에게 더 적극적으로 좋은 상품을 귀띔해주기도 했다. H는 현재 집을 기준으로 반경 2km 안에 있는 은행과 증권사를 모두 꿰고 있다. H에게는 이것이 '서른살의 통장'을 있게 한 원동력이나 마찬가지다.

"은행이나 증권사에 가는 것을 어렵게 생각하지 않는 것이 첫걸음이라고 봐. 그리고 이왕이면 집 또는 직장과 가까운 은행을 갈 것! 난 집과 가까운 은행을 택하니까 왠지 안심이 되더라고. 잘 때도 나와 아주 가까운 곳에 내 돈들이 함께 잠들어 있다는 기분이 들더라니깐. 게다가 은행이나 증권사에서 피치 못할 사고가 나더라도 뛰어서 1분이면 찾아갈 수 있다는 생각이 드니까 마음 편히 거래를 하게 된 것 같아."

매력이 큰 만큼 배신감은 두 배

'선택'에 대한 '결과'를 인지하라

H가 초보 투자자에서 전문 투자자로 성장하는 과정에는 당연히 시행착오가 있었다. 처음 적금을 들었을 때 H는 돈을 빨리 모으고 싶은 생각뿐이었다. 먹는 데 들어가는 돈도 아끼고 옷도 두 벌 살 것을 한 벌로 줄이겠다는 계획을 세웠다. 월급의 80%는 적금으로 직행했다.

월급일마다 거액의 돈이 적금통장으로 빠져나가자 남는 것은 팍팍한 생활뿐이었다. H는 자신의 삶에서 먹는 즐거움이 차지하는 비중이 컸지만 밤늦게 일을 마친 뒤 커피전문점에서 바닐라라떼를 사먹는 일도 건너뛰었다. H가 "이건 아니야!" 하며 폭발했던 순간은 그토록 좋아하는 파스타를 먹지 못하고 2주 연속 참았을 때였다. 돈을 모으는 것도 중요했지만 생활을 옥죄면서까지 소비를 줄이는 것은 아니다 싶었다. 저축이 즐거움이 아닌 짐으로 다가오는 듯했다.

H는 은행에서 적금을 깼다. 생각을 바꿨다. 쓸 돈을 넉넉히 남겨두는 대신 이율이 높은 상품으로 갈아탄 것이다. 은행 이곳저곳을 돌아다니다가 시중 금리보다 2배나 높은 금리를 적용해준다는 곳을 찾았다. 소형 저축은행이라는 것이 마음에 걸렸지만 은행은 안전할 것이라는 생각에 마음 놓고 적금을 시작했다.

적금에 붓는 금액을 월급의 50%로 줄이고 나니 생활이 훨씬 여유로워졌다. 이율이 높다 보니 돈도 이전보다 빨리 불어나는 것 같았다. 문제는 1년 뒤에 생겼다. 중소형 저축은행 여러 곳이 파산했다는 뉴스가 쏟아져 나왔다. 마음이 급해진 H는 집 근처에 있는 ㅇㅇ저축은행으로 달려 갔다. 은행 앞에는 돈을 인출하려는 사람들로 발 디딜 틈도 없었다. 돈 내놓으라고 고함을 치는 사람, 힘없이 바닥에 앉아 울먹이는 사람들을 보니 H의 마음은 불안해졌다. 여태껏 힘들게 일한 순간들이 머릿속을 스쳐갔고 눈물이 하염없이 흘러내렸다.

결과적으로 이 에피소드는 H의 '오버'로 끝이 났다. 예금자 보호법에 따라 H는 적금 규모가 5,000만원 이하인 소액 가입자였기 때문에 별 탈 없이 돈을 되찾을 수 있었다. 이후 H는 소위 '고위험군 상품'의 마니아 가 됐다.

그녀의 세 번째 선택도 이율이 높은 상품이었다. 이전 소형 저축은행 처럼 시중 금리보다 2배나 높진 않았지만 1.5배 이상을 적용해주는 증권 사 CMACash Management Account, 종합자산관리계좌통장이었다. 그러나 이 증권 사에도 결국 대규모 인출 사태가 벌어졌다. 또다시 사람들이 몰려들었고 H는 그 사이에서 힘겹게 돈을 빼냈다.

"지금도 난 고위험군 상품에 가입돼 있긴 해. 하지만 아주 적극적으로 추천해주고 싶지는 않아. 위험도가 높은 만큼 이자율도 높지만 그만큼의 불안감을 안고 가야 하거든. 정말 신문에서 내가 거래하는 은행의 이름 이 등장할 때마다 심장이 덜컹덜컹 내려앉는 기분이야. 1분 만에 1년 늙 는 기분 느껴봤니? 물론 선택은 개인의 몫이지만 얻는 것이 있으면 잃는 것이 있다는 것도 확실히 알아둬야 해."

'계획에 없는 일이 생길 수 있음'을 계획하라

대부분의 사람들이 그렇듯 H에게도 적금의 목적은 목돈 만들기였다. 앞으로 무슨 일이 생길지 모르니 미리 목돈을 만들어둬야겠다는 생각이었다. H는 목돈 마련에 유리한 '정기적립식 상품'에 가입하고 2년간 꾸준히 적금을 부었다.

정기적립식 상품은 매달 일정액을 꾸준히 넣어야 하는 상품이다. H는 직장을 그만둘 계획이 없었기 때문에 돈을 못 넣을 상황은 없을 것이라고 확신했다. 결혼도 아직은 먼 나라 이야기라고 생각해 돌발 상황이 생기는 경우도 없을 것으로 판단했다. 그러나 H를 비웃듯 비상사태는 생각보다 빨리 찾아왔다.

아버지가 생전 처음으로 H에게 손을 내밀었던 것이다. 작은 사업을 하고 있는 아버지는 사업이 잠시 어려워졌다며 장녀인 H에게 어렵게 말을 꺼냈다. 생전 처음으로 보는 아버지의 약한 모습이었다. 아버지의 지갑에서 돈을 꺼내다 쓸 줄만 알았지 채워드릴 생각은 미처 하지 못했던 사실도 깨달았다. 아버지의 부탁을 무시할 수 없었다. 그동안 모아둔 돈을 부모님께 드리기로 하고 은행을 찾았다.

"모아둔 돈을 다 빼고 싶어서요."

은행 직원은 중도에 해지하면 손해가 크다고 설명했지만 어쩔 도리가 없었다. 이후 H는 적금을 고르는 눈이 훨씬 넓어졌다. 만기 전에 해약해도 손해가 없는 적금부터 매달 일정한 금액을 넣지 않아도 되는 상품, 만기까지 꾸준히 넣어야 하는 상품 등으로 분산 투자하기 시작했다.

"사랑을 하면 사람이 변한다더니 나도 그렇더라. 사랑하는 사람이 생기고 목표가 생기니깐 다소 서툴렀던 투자 습관도 업그레이드가 되더라고."

H는 2년 전 친구의 소개로 지금의 남자친구를 만났다. 당시 취업 후 일에 쫓겨 연애를 하지 못했던 H는 떨리는 마음으로 소개팅 자리에 나갔다. 상대편 남성은 두 살 연상의 건축가. 마른 몸매에 차가운 인상이었다. 뿔테 안경 너머로 찬 기운이 느껴지는 듯했다.

대화를 시작했더니 역시나 완전 비호감 덩어리였다. 요즘 건축업계가 어쩌고저쩌고, 군대 갔을 때 어쩌고저쩌고…… 여성들이 싫어하는 일 얘기, 군대 얘기만 줄곧 늘어놨다.

이번이 처음이자 마지막 만남이라고 생각한 H는 서둘러 자리를 정리했다. H의 마음을 돌아서게 한 것은 그날 집에 들어가는 외중에 온 문자 한 통이었다.

"제가 소개팅은 처음이어서 실수한 게 없는지 걱정돼요. 댁까지 바래다드리는 건 부담스러우실 것 같아 혼자 보냈습니다. 괜찮으시다면 또 뵐 수 있을까요?"

'이 남자 뭐지?'라는 생각이 드는 순간 H는 그 남자에게 호감이 샘솟는 걸 느꼈다. 두 번째 만난 그의 말과 눈빛은 따뜻했다. 만남은 두 번에서 세 번으로 이어졌고 결국 둘은 2년 차 연인으로 발전했다. 결혼 이야기도 나왔다.

연애를 계기로 H의 투자 계획도 조금 더 구체화되었다. 평소 계획성이 철저했던 H는 연애와 동시에 결혼 자금을 모아야겠다고 생각했기 때문이다. 목표 금액은 5,000만원으로 잡았다. 물론 결혼에 5,000만원을 모두 들일 생각은 없었다. 결혼 뒤의 생활도 고려한 금액이었다. 아기를 가져 육아휴직 상태일 때는 남편 혼자 벌어야 하는 상황, 경기를 많이 타는 남자친구 직업의 특성을 생각하니 미리 많이 모아둬야겠다는 판단이 섰다.

H는 결혼 자금을 위한 단기 투자와 미래를 위한 장기 투자를 함께 진행하기로 했다. 이른바 '투트랙 전략'이었다. 월급의 60% 수준인 200만원을 쪼개 장기 투자용과 단기 투자용으로 나눠 저축했다. 8개의 통장에 각각의 목표를 부여했다. 결혼자금용, 육아휴직용, 긴급사태용, 부모님 용돈 지급용 등 각 통장의 임무도 제각각이었다.

우선 기존 적금 3개를 결혼 자금용으로 생각했다. 3개 적금엔 매달 총 135만원가량을 부었다. 만기까지 꾸준히 넣어야 하는 상품엔 가장 적은 금액인 35만원을 넣었다. 반드시 넣어야 하는 금액이기 때문에 부담이 적은 금액이어야 한다고 생각했다. 만기 전에 해약해도 손해가 없는 적금과 '자유적금'에는 각각 50만원씩 넣었다. 자유적금은 말 그대로 매달 일정한 금액이 아니라 넣을 수 있는 금액만큼만 넣는 융통성 있는 상품이다. 여기에는 부모님의 결혼기념일이 끼어 있거나 경조사비가 많이 들어가는 달엔 금액을 조정해 여유를 뒀다.

장기 투자용으로는 변액 보험을 택했다. 2022년까지 매달 3개의 보험에 각 15만원씩 총 45만원을 넣는 상품이었다. 만기까지 보험을 유지하면 돌려받을 때 높은 이율이 적용되는 상품으로 보험 혜택을 받으면서 적금 효과까지 노릴 수 있었다.

나머지 통장 2개는 그 이름도 유명한 재형저축. 재형저축 통장을 꺼내드는 H의 눈빛이 반짝였다.

"그거 알아? 은행과의 첫 경험은 어리면 어릴수록 더 좋다는 거."

은행은 나이가 어리고 연봉이 적은 사람을 좋아한다?

"나이가 어떻게 되세요?"

"20대 후반이요."

"연봉이 5,000만원 미만이신가요?"

"네."

"어머, 너무 잘됐네요!"

oo은행 직원과 상담하던 H는 황당했다. '지금 장난하는 건가? 돈 못 벌어서 잘됐다는 건 뭐지?'라는 생각이 들었다. 기분이 좀 나빠지려 할 때쯤 은행 직원의 설명이 이어졌다. 금융기관에서는 20대이면서 연봉이 5,000만원 미만이면 자잘한 혜택이 많이 주어지는 편이라는 것.

이자 소득에 세금을 내지 않는 비과세가 그 혜택 중 하나였다. 연봉이 적어서 높은 금리를 받을 수도 있었다. 은행 직원이 추천해준 상품은 바로 '재형저축'이었다. 은행 직원은 재형저축을 거듭 강조했다.

"재형저축은 7년 이상 유지하면 이자소득세가 면제돼요. 보통 금융 상품 이자에 대한 소득에서 이자소득세 14%와 농어촌특별세 1.4% 등 총 15.4%의 세금을 내야 해요. 하지만 재형저축은 이자소득세를 제외한 1.4%의 농어촌특별세만 적용하죠. 게다가 시중 금리보다 높은 연 4%대의 금리를 제공해요. 연봉 5,000만원 이하의 근로자나 종합소득액 3,500만원 이하의 사업자만 가입할 수 있는 상품이에요. 마침 딱 조건이 맞으니 한번 생각해 보세요."

앞으로 연봉이 더 오르면 들고 싶어도 못 든다는 생각이 들었다. H는 그 자리에서 2개의 재형저축을 들었다. 현재까지 월 10만원씩 넣고 있다.

모든 사람에게 적용되는 것은 아니지만 대개 어릴수록 연봉이 적다. 금융기관도 20대의 연봉이 높지 않다는 것을 안다. 하지만 금융기관은 사회에 첫발을 내딛는 20대들을 자사의 고객으로 만들고 싶어 한다. 20대를 위한 상품을 쉽게 찾아볼 수 있다는 말이다.

H가 어릴수록 유리하다는 것을 느낀 경우는 또 있었다. 친한 은행 직원이 귀띔해준 이야기는 이렇다(이 직원 역시 20대라서 더 믿음이 갔다고!).

"적금 금리가 늘 고정돼 있는 것은 아니에요. 똑같은 적금이라도 시간이 지나면 금리가 내려가기도 하죠. 이럴 때 유리한 사람은 누구겠어요? 적금을 초반에 들어놓은 사람이 유리하겠죠? 그래서 저는 괜찮은 적금이 나올 때마다 무조건 적금을 들어놔요. 그럼 3년 뒤에 적금을 본격적으로 운영할지라도 금리는 가입할 당시 그대로 적용되기 때문이죠."

목돈을 만들기 위해 보험을 들 때도 비슷한 생각을 했다. H의 마음에 들었던 보험 상품들은 대부분 10년을 유지해야만 비과세 혜택을 받을 수 있었기 때문이다. 결혼 후 자녀가 초등학교에 입학할 경우, 집안에 급한 일이 있을 경우 등 여러 가지 변수를 생각하니 보험을 만기까지 유지하려면 조금이라도 일찍 가입하는 것이 유리했다.

"많은 금융사들을 다니면서 내가 20대라서 참 다행이라는 걸 느꼈어.

여유가 있는 20대들이 가입하면 복리 효과와 함께 비과세 혜택을 함께 누릴 수 있는 상품이 많았거든. 젊은 나이와 적은 연봉 덕으로 혜택을 누릴 수 있는 건 지금 뿐이야."

'애니팡' 하듯 '통장팡' 하기

"H씨, 또 게임해? 뭐가 그렇게 즐거워? 일 끝났으면 한잔 하자. 월급날이잖아."

"아, 네. 얼른 마치고 따라갈게요. 먼저 가세요."

다른 사람들이 애니팡을 하면서 쾌감을 느낀다면 H는 매달 25일 월급날에만 할 수 있는 통장 게임에 중독돼 있다. 새끼에게 먹이를 주는 어미처럼 모바일 뱅킹을 이용해 매달 8개의 통장에 직접 돈을 넣는 일이다. 대부분의 사람들은 자동이체를 하기 때문에 '퍼가요' 폭격을 쥐도 새도 모르게 당하지만 H는 조금 다르다. 일일이 직접 계좌이체를 해 적금, 보험에 돈을 넣고 기분이 좋으면 가끔 다섯 살 터울인 남동생에게 용돈도 보내준다.

"통장 8개를 관리하기가 쉽지 않더라고. 매달 8개 통장이 잘 운영되고 있는지 챙겨야 한다는 생각만으로 부담스러워지기도 했어. 근데 '알아서 잘 굴러가겠지'라고 안일하게 생각했더니 자연스럽게 관심에서 멀어지게 되고 이율이 높은 핫한 신상품도 지나쳐 버리더라."

자동이체가 아닌 '직접이체'로 바꾸고 나니 따로 관리하지 않아도 절로 통장 8개가 한눈에 들어왔다고 한다.

"8개의 통장에 돈을 넣고 쌓인 금액을 확인하는 시간이 얼마나 걸리는지 알아? 애니팡의 하트 다섯 개를 사용하는 데 걸리는 시간이랑 똑같더라."

보험 3개에 만기까지 돈을 넣었을 때 얼마나 받을 수 있는지 계산해보는 것도 H의 놀이 중 하나다. 이를 위해 보험증서를 서류철에 보관해두고 생각이 날 때마다 꺼내본다.

"힘들게 번 돈이 '내 손'을 거쳐 불어나는 과정을 보는 재미가 정말 쏠쏠하다고!"

'적금'과 '소비' 두 마리 토끼를 잡아라

"그래. '적금의 달인'인 건 인정해. 근데 넌 씀씀이가 크잖아."

"그렇게 보였어?"

"응. 너 잘 쏘잖아. 소비를 조금 줄이면 돈이 더 많이 모이지 않을까?"

"친구들한테 잘 사는 편이긴 하지. 그래도 나 한 달에 쓰는 돈은 그렇게 많지 않아."

"잘 사는데 어떻게 돈을 많이 안 써?"

"비법은 간단해. 돈 쓰는 것도 적금 붓는 것처럼 '투트랙 전략'을 쓰는 거야. 내가 좋아하는 것에는 아끼지 않지만 나머지에는 아낄 수 있는 만큼 아껴."

힘들지 않은 일이 어디 있겠냐마는 간호사는 3교대로 밤낮 없이 일하는 직업 중 하나다. 항상 아픈 사람들을 대하다 보니 상처도 많이 받고 한시도 긴장을 늦출 수 없는 의료인이기 때문에 스트레스 지수도 높은 편이다. H는 스트레스를 친구들과의 수다로 푼다. 맛있는 음식을 먹으며 이런저런 이야기를 나누다 보면 고된 직장생활에서 해방된 느낌을 받는다. 밤샘 업무 중에 사먹는 커피전문점의 바닐라라떼도 그렇다. H에게 친구와의 식사 자리와 바닐라라떼는 아끼고 싶지 않은 소비생활의 일부이다.

H가 계산대에서 먼저 카드를 내미는 이유도 이 때문이었다. 쉬는 날이 일정하지 않아 H가 먼저 친구들에게 만나자는 말을 건네기도 하지만 한 달 2~3번에 불과한 친구와의 식사 자리에서 불편한 마음을 갖고 싶

지 않기도 했다. 이탈리안 레스토랑에서 파스타 2개와 샐러드를 시킬 경우 보통 5만원 내외의 금액이 나온다. 한 달 10~15만원 정도의 돈은 충분히 편하게 쓸 수 있다는 것이 H의 생각이다.

H는 본인이 좋아하는 곳에는 돈을 아끼지 않지만 나머지 부분에서는 이야기가 달랐다. 약속이 없는 날에는 병원에서 끼니를 챙겼고 큰 관심이 없는 옷, 가방 등의 쇼핑에는 돈을 아꼈다. 옷이 필요해도 유행을 타지 않고 오래 입을 수 있는 것으로 골랐다. 쓸 때는 쓰고, 아낄 수 있는 데는 아끼는 '투트랙 전략'이 소비생활에도 적용된 것이다.

"중요한 건 내가 숨 쉴 틈을 주는 거야."

"숨 쉴 틈?"

"장기적으로 돈을 모으려면 숨 쉴 틈이 필요해. 나의 소비 패턴을 파악해서 쓸 때는 화끈하게 쓰는 거지. 아끼면 많이 모이는 건 알지. 그런데 모든 걸 아끼고 참으면 생활이 너무 팍팍하잖아. 그런 생활은 오래 지속하기가 힘들어."

'삼포세대' 아니, 그 좋은 연애를 포기한다고?

은행의 대기 번호표도 몰랐던 허당 H가 적금통장 8개를 직접 관리하는 '적금의 달인'이 됐다. 그 사이 H의 나이는 20대 초반에서 20대 후반으로 훌쩍 뛰었다. 이제는 학생티를 벗고 30대를 바라보며 결혼과 그 이후를 준비하는 나이가 된 것이다. 허당 시절에는 친구들과의 모임에 들고 나갈 가방이 필요했지만 이제는 남편과 함께 살 집과 한 가정을 이끌어나갈 밑천이 필요하다. 연애가 결혼으로 이어지면서 써야 하는 돈의 규모가 수십, 아니 수만 배로 몸을 불렸지만 H는 가벼운 마음을 갖고 있다. 그 이유는 20대 초반부터 모아둔 종잣돈 덕이다.

"20대는 계산기 두들기지 않고 마음이 시키는 대로만 사랑할 수 있는 거의 유일한 나이잖아. 그런데 우리를 '삼포세대'라고 부르더라. 돈이 없어서 연애에, 결혼에, 출산까지 포기하는 세대여서 삼포세대래. 연애와 결혼, 그 좋은 걸 왜 포기해? 진짜 삼포세대가 되기 전에 연애 대신 귀차니즘을 포기하고 은행부터 가봐!"

 's TIP

저축할 때
이것만은 반드시!

1 금융상품의 기본 원리를 알아라

금융상품은 크게 '수익성'과 '안전성'을 기준으로 구분할 수 있어요. 본인에게 맞는 금융상품을 알아보려면 먼저 수익성과 안전성 중 어떤 기준을 우선적으로 고려할지 정해야 해요. 수익성은 얼마나 돈이 불어날 수 있는지를, 안전성은 원금이 보전될 수 있는지를 알려줍니다.

수익성은 높지만 그만큼 위험성이 큰 상품들이 많아요. 금융상품을 선택할 때 가장 먼저 눈이 가는 곳이 이율이지만 수익성만 좇다가는 이자는 물론 원금까지 잃을 수 있어요. 원금이 안전하게 보전되는 상품 중 수익성이 높은 것을 찾는 것이 좋겠죠.

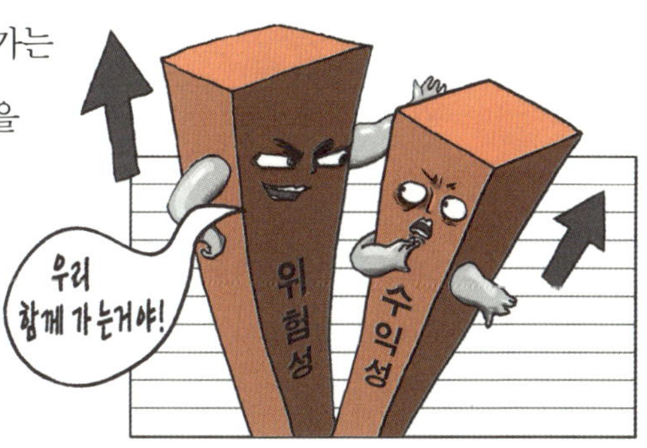

2 내 월급에 맞는 적금이 '반드시' 있다

시드 머니, 즉 종잣돈을 만들려면 원금이 보전되는 안전한 상품을 선택하는 것이 좋아요. '정기적금'을 들어 매달 일정액을 저축하는 것이 가장 일반적이죠. 최근 저금리 기조가 이어지고 있어 수익성은 낮은 편이지만 안전성이 높아서 장기 계획을 세우기에 알맞아요.

정기적금도 개개인의 특성에 맞게 선택할 수 있어요. 돈이 있으면 더 넣고 없으면 덜 넣는 자유적립식 정기적금과 일정한 금액을 주기적으로 저축하는 정액식 정기적금이 있죠. 용돈이나 월급 규모가 일정하지 않으면 자유적립식 정기적금이 좋아요. 급여는 일정하지만 알아서 계획적으로 저축할 자신이 없다면 정액식 정기적금을 선택하는 것이 유리해요.

3 이자 수입 계산법을 익혀둬라

적금 초보자들이 어려워하는 것 중 하나가 바로 이자 수입을 계산하는 것입니다. 적용 금리가 %로 표시된 데다 '복리'라는 변수가 있기 때문에 계산이 쉽지 않죠. 이럴 때 유용한 것이 바로 '72의 법칙'이에요. '72의 법칙'은 원리금이 두 배(+100%)로 불어나려면 저축 기간과 수익률의 곱이 72%여야 한다는 계산법입니다. 예를 들어 수익률 4%짜리 적금을 들었을 때 원금 100만원이 200만원으로 불어나는 데 필요한 저축 기간은 18년(72÷4)이에요.

4 변액보험도 일종의 적금이 될 수 있다

변액보험은 고객이 낸 보험료를 자산으로 운용한 후 발생한 수익을 배분해 주는 보험입니다. 운용 성과에 따라 만기 시 돌려받을 수 있는 보험금이 더 많아질 수도 있고 원금에 손실이 발생할 수도 있죠. 변액보험의 종류로는 변액종신보험, 변액유니버셜보험, 변액연금 등이 있어요.

'샤넬백'은 죽어도 포기 못한다면
해외 직구를 이용하라

□ 직접 사본 적은 없지만 명품에 관심이 많다

□ 해외 직구로 유명 브랜드 제품을 구매한 적이 있다

아래의 □ 중 해당되는 항목에 체크하세요.
체크된 항목이 하나라도 있다면 LESSON 4를 꼼꼼히 읽어보세요.

□ 남들의 눈을 의식해 패션에 신경 쓰는 편이다

□ 직접 사본 적은 없지만 명품에 관심이 많다

□ 소득은 적지만 그래도 명품백 하나쯤은 있어야 한다고 생각한다

□ 해외 직구로 유명 브랜드 제품을 구매한 적이 있다

이름 T	**나이** 27세	**성별** 여
결혼 여부 미혼	**직업** 대기업 인사팀 2년 차	
연봉 3,000만원		
현재 자산 1,600만원		

그녀의 커밍아웃

대학교 3학년 때까지 T의 별명은 '청느님(청담동 며느리님)'이었다. 별명이 주는 뉘앙스 그대로 대학교 1학년 때부터 T의 패션은 가히 획기적이었다. 뭐랄까. 지금의 지드래곤처럼 패션 센스가 뛰어나거나 공항 패션처럼 신경 쓴 티는 나지 않았지만 일단 비싸 보이는 아이템이 반드시 한 가지씩은 몸에 걸쳐 있었다. T가 입거나 들었다기보다는 물건이 그녀의 몸에 걸쳐 있었다는 표현이 걸맞을 정도로 T와 아이템은 혼연일체를 이루지 못했다. 사모님 분위기가 물씬 나는 명품 백을 들고 오는가 하면 남들은 잘 알지도 못하는 명품 브랜드의 운동화를 신고 MT에 참석하는 식이었다.

T는 강남 지역의 고등학교 졸업생이다. 지방에서 올라온 다른 신입생

들의 눈에 T는 '서울의 실체를 온몸으로 보여주는 사례'일 수밖에 없었다. 어느 날 누군가가 T를 콕 집어 "너는 드라마에서나 보던 청담동 며느리님같아. 그런데 그건 엄마 옷이니?"라고 비꼬듯 말한 것이 '청느님'이란 별명의 시초가 됐다.

스스로도 원치 않았던 T의 커밍아웃은 대학교 3학년 때 스터디 뒤풀이 자리에서 행해졌다. 술자리가 길어지자 T를 포함한 동기들은 여성 전용 찜질방에서 밤을 지새우기로 했다. 여자들의 특성상 탈의실에만 들어서면 저절로 눈에서 360도 풀 레이저망이 가동되는 것은 당연지사. 적이 눈치 채지 못하게 적진 위를 날아다닌다는 전투기 스텔스가 되는 셈이다.

T의 몸 언저리에 침투했던 스텔스기 1호의 눈이 번쩍였다. 근처에서 서성이던 스텔스기 2호의 눈도 반응했다. 명품 가방을 다소곳이 탈의실 선반 위에 놓고, 토끼털이 소복소복 쌓여 있는 외투를 옷걸이에 걸어놓은 T. 윗옷과 아랫도리까지 벗어던지자 T의 후줄근한 속옷이 고개를 내밀었다. T의 탄탄한 몸매와는 달리 속옷은 아래로 처질대로 처져 있었다. 한눈에 보기에도 레이스 달린 브랜드 속옷이 아닌 싸구려 속옷이었다.

덩달아 얼굴이 빨개진 스텔스기들의 긴급 후퇴가 신속하게 이뤄졌다. 되레 시골에서 올라온 지 3년이나 지났지만 여전히 촌티를 줄줄 흘리고 다니는 R의 속옷이 대반전이었다. 외국계 브랜드에다가 몸매를 완벽하게 잡아주는 기능성, 거기에 패션까지 갖춘 초호화 속옷이었다. 그것도 무려 위아래가 세트인!

이후 이뤄진 T와 R의 대화는 여자들의 경제관념이 이렇게나 다를 수 있음을 보여준다.

T 어머, 속옷 예쁘다. 이런 건 되게 비싸겠다. 그치? 이런 속옷 10개 살 돈으로 백화점에서 니트 한 벌은 살 수 있겠다. 나는 속옷에는 절대 돈 안 써. 겉으로 보이지도 않고 나 혼자 집에서 보는 건데 이런 걸 왜 비싼 돈 주고 사? 남자친구랑 만나는 날? 혹시나 있을지도 모를 그런 날에 대비해선 '긴급대비용' 1벌만 있으면 되지 뭐. 어쨌든 난 속옷에 돈 들이는 건 너무 아깝더라.

R 나는 옷도 옷이지만 속옷이 예쁘고 좋은 것이어야 자신감이 상승하던데. 왜 그런 거 있잖아. 나는 안에서부터 잘 정돈이 되고 뭔가 갖춰진 여자다. 그리고 좋은 속옷이 좋은 일을 가져다줄 것 같다는 요상한 믿음도 있지. 변형되거나 후줄근한 속옷을 입으면 그 위에 아무리 예쁜 옷을 입어도 태가 안 난다는 느낌이랄까?

T는 외관을 중요시하는 스타일이었다. 사람마다 가치관이 다르듯 T가 자신의 강점을 드러내는 스타일은 겉옷의 브랜드였고, R은 자신의 마음에 드는 예쁘고 좋은 속옷이었다. 누군가는 헤어스타일에, 누군가는 매주 바뀌는 네일아트에 중점을 두고 소비 중이었다.

T에게서 비롯된 여자들의 커밍아웃은 이렇게 찜질방에서 의도치 않게 시작됐다. T는 자신만의 스타일을 지키기 위한 고충도 만만치 않았다고 털어났다.

"난 가방이나 외투 등 겉으로 보이는 아이템을 제외한 나머지 부분에서는 짠돌이 대마왕 스크루지 할배만큼이나 돈을 아껴."

　속옷은 동네 마트에서 사 입을지언정 트렌드에 맞는 브랜드 가방은 절대 포기할 수 없다는 것이다. 그녀는 먹는 것에도 큰 욕심이 없다고 했다. 일단 배만 채우면 된다는 것. 듣고 보니 T는 '학식(학교 식당) 마니아'였다. 남들은 다 맛없고 지겹다는 학식을 T는 유난히 즐겨 먹었다. 종종 교내식당 벽에 붙은 '먹고 싶은 음식을 써 달라'는 리서치엔 T의 이니셜이 적힌 메시지가 반드시 붙어 있었다. 종종 맛있는 음식으로 스트레스를 풀고 여가활동을 한다는 여자들도 있지만 T는 김밥이나 샌드위치, 떡볶이면 충분히 행복했다. 네일아트도 그다지 즐기지 않았다.

　T의 폭탄 발언은 새벽 2시까지 이어졌다.

　"나 사실 겨울에는 제모도 아예 안 해. 제모 비용도 만만치 않잖니? 치마를 입을 때는 늘 검정 스타킹을 신고 바지에 부츠까지 껴입는데 제모를 왜 해? 겨울엔 그냥 다리와 겨드랑이에 털을 기르고 있어. 호호호."

　그렇게 '청느님'의 별명은 사라지고 '털녀'의 시대가 도래했다. 주인공 이름의 이니셜 'T'도 털녀에서 따온 것이다. 대외적으로는 여전히 청느

　　　LESSON 4

님의 이미지를 고수하고 있는 그녀이기 때문에 현재 직장 동료들과 그녀의 남자친구는 털녀의 존재를 알지 못한다.

그녀의 두 번째 커밍아웃

T는 시드 세대 2년 차다. 이름만 대면 누구나 알 만한 대기업의 인사팀에서 2년을 보냈다. 그 사이 T는 부모님에게서 경제적으로 완전히 독립을 했고, 2번의 연애를 했다. 개 버릇 남 못 준다고 했던가. T의 소비 습관에도 변함은 없었다. 교내 학식에서 사내 식당으로 바뀌었을 뿐. 속옷은 여전히 동네 마트에서, 내복은 필수, 화장품은 로드샵 제품을 애용했다. 반기마다 T의 손에는 새로운 가방이 들려 있었고 분기마다 새 옷을 입고 출근했다. 겉은 된장녀, 속은 간장녀인 이중생활의 달인이었다.

하지만 T는 어딘가 달라져 있었다. 백화점에 가는 횟수가 줄었고 예전만큼 F/W 신상 백에 목을 매지도 않았다. 대신 어깨는 펴졌고 뭔지 모를 흐뭇한 비밀을 안고 있는 듯 보였다.

"난 입사만 하면 통장에 돈이 줄줄이 들어올 줄 알았거든. 그런데 이게 웬걸. 통장은 물새는 바가지나 다름없었지. 들어오는 구멍은 하나인데 나가는 구멍은 10개도 넘는 것 같더라고. 매년 부모님 결혼기념일에 가족들 생일 선물까지 챙기려면 허리가 휘청거렸어. 이런 상황에서 남부럽지 않은 가방과 옷까지 구매하려니 통장이 터지다 못해 갈기갈기 찢어지는 수준인 거야. 내 마음도 이미 너덜너덜해졌지."

T가 2011년부터 2012년까지 구매한 쇼핑 목록은 다음과 같았다.

루이비통 등 명품 가방 4개＝개당 평균 가격 200만원×4＝800만원

프라다 지갑＝100만원

남자친구 생일 선물로 택한 구찌 지갑＝80만원

아이잘바바 알파카 겨울 코트＝150만원

캐나다구스 패딩 점퍼＝200만원

구찌 단화＝70만원

이렇게 총 1,300만원이 T의 통장을 스쳐지나갔다.

"정말 이대로는 안 되겠고 어떤 조치가 필요하다고 생각했지. 1,300만원을 아긴다면 1,300만원을 모으는 거잖아. 아끼는 게 곧 저축하는 거라는 생각이 드니까 예전 철없던 시절처럼 백화점에 가서 호기롭게 물건을 집어 들지 못하겠더라고. 그런데 주변 친구 한 녀석이 내게 '해외 직구(직접 구매)'라는 것을 알려준 뒤 내 인생 최선의 소비법을 찾았단 생각이 들더라."

이것이 그녀의 두 번째 커밍아웃이었다. 루이비통, 샤넬백을 백화점, 아울렛, 면세점에서만 구입한다는 생각을 버리라는 것. 세상은 넓고 인터넷은 지구 반대편을 오가는 시대인데 유통망이라고 다르지 않다는 것이다.

T는 이제 "외국 브랜드 제품? 한국에서 사지 말고 외국 사이트에서 바

로 주문해!"라고 외친다.

해외 직구가 뭐길래 1

해외 직구는 외국의 오픈마켓, 의류 브랜드 등의 사이트에서 제품을 직접 주문해 구매하는 것을 말한다. 만약 폴로에서 옷을 사고 싶다면 폴로 기본 홈페이지를 방문해 한국에서 온라인 쇼핑을 하듯 물건을 선택한 뒤 장바구니에 담아 주문을 하면 된다. 대학 시절 캐나다에서 어학연수를 했던 T는 해외 직구에 대한 거부감이 적은 편이었다.

"외국 브랜드 제품은 그 나라에서 가장 싼 것이 당연하지. 게다가 홈페이지에선 온라인 세일을 많이 할뿐만 아니라 특정 기간에 '기습 세일'이 아주 자연스럽게 일어난다니깐. 내가 왜 이 생각을 미처 못했는지."

이후 T는 직구족(해외 직구에 열광하는 사람) 대열에 바로 합류했다. 하지만 한국에서 외국 사이트를 통해 물건을 주문하는 일은 아무래도 낯설 수밖에 없는 법. 첫 번째 난관은 장바구니에 담은 물건을 결제할 때 발생한다. 외국 사이트에 한국 주소를 적을 수는 없기 때문이다. 이럴 때 소비자들은 해외 배송대행업체 서비스를 이용한다. 이들 업체의 물류센터는 대부분 소비세가 없거나 낮은 지역에 위치해 있다. 미국에선 뉴저지, 댈러웨이 등이 대표적이다. 소비자들이 물건을 받아볼 주소란에 이 지역의 물류센터 주소를 적어 넣으면 배송대행업체가 물류센터에서 물건을 받아 한국으로 보내주는 방식이다. 소비자는 현지 판매 가격에 배송비만 추가해 물건을 구입하는 셈이다. 한국으로 수입되지 않는 물건을 살 수 있다는 것도 장점이다.

해외 직구를 시작한 T에게 미국 최대 쇼핑 기간인 '블랙프라이데이 Black Friday, 연중 최대 할인이 이루어지는 날'는 더 이상 남의 나라 이야기가 아니다. 지난 11월 블랙프라이데이 당시 T는 사무실에 앉아 즐겁게 쇼핑을 즐겼다. 브랜드의 홈페이지를 방문하는 것만으로 준비 완료! 필요한 물품과 이에 맞는 브랜드를 골라내기만 하면 됐다.

T의 당시 구매 목록과 가격 경쟁력은 이렇다(환율 1,150원 기준).

갭 실내복＝해외 배송비 포함 12,000원(국내 백화점 판매가 36,000원/온라인 판매가 32,000원)

토리버치 아만다 호보백＝456,000원(국내 백화점 판매가 900,000원)

폴로 아동복 푸퍼 보이즈＝92,000원(국내 백화점 판매가 360,000원/조카를 위해 구매한 제품으로 오리지널 간장녀였던 언니마저 직구족이 됐다.)

페니왕 헤드폰＝122,000원(국내 온라인 사이트의 최저가 355,600원/국내 공식수입원 판매가 465,000원)

위 4개 제품만으로 따져봤을 때 T가 아낀 금액은 107만원가량이다. 무엇보다 최고의 만족도를 가져다 준 것은 TV라고 했다.

"블랙프라이데이 때에는 국내 브랜드 TV를 미국에서 더 싸게 살 수 있다는 거 아니? TV 무게를 적용한 배송비를 더해도 우리나라에서 사는 것보다 무려 50%나 싸다고!"

믿기 힘든 이야기였다. T의 설명은 이렇다. 미국의 전자제품 판매 사이트에서 55인치 국내 브랜드 스마트 TV가 651달러에 판매됐다는 것이다. 당시 원·달러 환율이 1,060원이었으니 계산해 보면 TV 가격은 69만원 정도가 나온다. 여기에 미국 내 배송비와 국제 운송료를 합치면 146.47달러(약 155,200원). 해당 TV에 부과된 관세는 170,120원이었다. 관세는 품목에 따라 세율이 달라진다. 물품 가격과 배송료 등을 합해 15만원 또는 200달러 초과 시 관세가 매겨진다. 배송비와 관세를 합한 총 가격이 약 1,015,300원이었으니 국내 온라인 최저가(1,853,770원)보다 45% 가량 저렴했다. 국내에서 같은 크기의 TV를 구입하려면 최소 200만원은 줘야 한다는 것을 생각했을 때 T는 반값에 TV를 구매한 셈이다.

식료품도 직구에서 빠질 수 없었다. 평소 간식으로 먹는 코코아 분말 가루나 젤리 등 가공식품은 국내보다 훨씬 싼값에 날아왔다.

T가 지난 1년간 해외 직구로만 아낀 비용은 900만원이 넘었다. 그 돈은 고스란히 통장에 쌓였다. 아끼는 만큼 통장의 잔고도 늘어가고 있는 셈이다. 무엇보다 가장 달라진 점은 T의 소비습관이다. 백화점, 아울렛에만 가면 대책 없이 열리던 T의 지갑은 성격이 달라져 있었다. 종종 내려오시던 지름신도 이제 더 이상 T를 찾지 않는다고.

"아예 뇌 구조가 바뀐 것 같아. 예전에는 백화점에서 예쁜 물건을 보면 '아, 저거 사고 싶다'라는 생각부터 들었는데 이제는 '해외 직구로 사면 얼마나 쌀까'라는 생각부터 들어. 지금까지 한국에서 너무 순진한 소비자로 살아왔던 것 같아."

그렇다고 해서 백화점과 아울렛을 찾는 T의 발길이 끊긴 것은 아니다. 해외 직구 특성상 물건을 실제로 보고 구매할 수 없기 때문에 백화점이나 아울렛에 들러 물건을 확인한 뒤 해외 직구를 이용하는 과정이 필수였기 때문이다.

해외 직구가 뭐길래 2

직구족이 된 뒤 T는 해외 직구 전도사가 된 듯했다. 좋은 물건을 싸게 살 때마다 친구들에게 자랑을 늘어놓았던 T. 그래서 친구들은 T의 아이템들을 꿰고 있을 정도였다.

콧바람이 절로 나올 것만 같은 화창한 어느 여름날, 친구들을 만나러 온 T의 모습은 사뭇 달랐다. 새 아이템이 분명한 단화를 신고 등장했지만 툭 치면 나올 것 같던 T의 자랑은 튀어나오지 않았다. 한 친구가 물었다.

"그것도 직구로 산거야? 예쁘다. 나 그 브랜드 단화 진짜 갖고 싶었는데. 얼마 주고 샀어?"

"어, 이거 한국 백화점보다 70% 싼 가격에 샀어……."

T의 대답은 단답형에 그쳤다. 이후에도 이상한 행동은 이어졌다.

"날씨도 좋은데 한강 고수부지에 가서 돗자리를 펴 놓고 '치맥'이나 뜯을까?"

누군가의 제안에 T는 손사래를 쳤다.

"그러지 말고 그냥 패밀리 레스토랑 가는 건 어때?"

평소 자기주장을 강하게 내세우지 않던 T였던 터라 친구들은 의아해했다. 그때 누군가가 T의 신발을 가리키며 외쳤다.

"어? 너 신발 짝짝이로 신었어! 애도 아니고. 깔깔깔."

순간 창백해진 T의 얼굴. T는 고개를 푹 숙이며 기어들어가는 목소리로 말했다.

"실은 둘 다 같은 쪽 신발이야. 오른쪽 신발도 오른짝, 왼쪽 신발도 오른짝. 단화라서 티가 안 날 줄 알았는데 티 나는 구나. 흑흑."

나름대로 꼼꼼하고 정확한 직구족임을 자처했던 T에게 왜 이런 시련의 순간이 찾아온 것일까? 해외 직구에 푹 빠진 뒤 6개월 즈음 발생한 일이라고 했다.

가장 친한 친구에게 특별한 선물을 주고 싶었던 T는 국내 판매가보다 훨씬 저렴한 한 명품 브랜드의 단화를 점찍었다. 백화점에 가서 색깔도 고르고 신발 치수도 정확하게 알아온 T는 야심차게 주문 버튼을 눌렀다.

일주일이 지난 뒤 신발을 받아본 T는 뒷목을 잡을 수밖에 없었다. 이미 밝혀졌다시피 신발 두 짝이 모두 오른짝이었기 때문이다. 당황한 T는 가장 먼저 배송대행업체에 전화를 했다. 일단 사진을 찍어서 보내달라는 업체의 말에 따라 스마트폰으로 찍은 사진을 이메일로 전송했다. 이틀 뒤 해당 업체에서 연락이 왔다. 제대로 된 물건이 도착했는지 꼼꼼히 확인하기는 하지만 워낙 많은 물건을 받아보는 통에 같은 짝 신발이었는지 눈치 채지 못했다는 것이다. 반품이나 교환 처리를 해줄 수 있지만 그러기 위해선 T가 해외 배송비를 지불해 다시 미국에 있는 창고로 신발을 보내야 한다고 했다.

시간과 노력까지 감안하면 배보다 배꼽이 더 큰 셈이었다. T는 고민 끝에 그냥 본인이 신기로 했다. 신발의 정체(?)가 밝혀진 뒤에도 T의 당당한 워킹은 여름 내내 이어졌다. 세심한 여자들 빼고는 아무도 모를 거라는 주문을 걸며.

"아찔하더라. 단화 정도였기에 망정이지 고가의 시계나 TV, 선글라스였다면 기분이 어땠을까? 완전 눈앞이 캄캄했을 것 같아."

이후 T는 배송대행업체 선정과 커뮤니케이션에 더 신경을 쓴다고 한다. 우선 고객센터가 탄탄하게 마련돼 있고, 창고에서 근무하는 인력이 많은 곳을 택했다.

"최근 해외 직구가 많이 알려지면서 외국에서 부업으로 소규모 배송대행업체를 차리는 사람도 늘어났어. 때문에 업체의 규모와 신뢰도가 매우 중요하지. 규모가 큰 업체들은 대부분 고객센터를 통해 온라인 일대일 상담도 진행하더라고. 나처럼 황당한 일이 발생한 경우엔 고객센터와의 연락이 아주 절실해지기 때문에 고객센터가 있는지 없는지도 반드시 체크해야 할 부분이야."

신新 된장녀 시대가 열린다

T를 조금만 아는 사람들은 그녀를 된장녀라고 부른다. 하지만 T와 알고 지낸 기간이 6개월만 넘어가면 모두가 알게 된다. 그녀가 얼마나 똑똑한 된장녀인지를.

평소 T에게 명품 가방이 왜 이렇게 많냐며 타박하던 노총각 과장님. 그가 T에게 SOS를 친 것은 지난 12월이었다. 결혼을 앞두고 예비 신부에게 좋은 가방을 선물해주고 싶은데 어떻게 하면 싸게 살 수 있는지를 물어왔다. 흔쾌히 해외 직구 비법을 전수해준 T에게 노총각 과장은 된장녀 대신 '여신' 칭호를 부여했다고 한다.

T는 당당하게 말한다.

"좋은 물건을 싸게 사는 것이 된장녀라면 나는 된장녀 맞아. 명품만 말하는 게 아니야. 미국에서 중저가인 의류 브랜드도 한국에만 들어오면 2배, 3배로 껑충껑충 뛰는 게 현실이야. 근데 한국 소비자가 봉은 아니잖아. 이왕이면 같은 돈으로, 혹은 더 저렴한 가격으로 좋은 브랜드 제품을 택하겠다는 거지. 길거리에 지나다니는 사람 10명을 붙잡고 물어봐. 어느 쪽을 택할 건지."

혹자는 T의 겉모습만 보고 지나치게 외국 브랜드에만 집착하는 것이 아니냐고 물어오기도 한다.

"조금은 억울하지. 난 외국 브랜드 커피숍도 잘 가지 않으니깐. 화장품도 로드샵 제품만 쓰는 것 알잖아. 그런데 어른이 되다 보니 노총각 과장님처럼 의도치 않게 고가 제품이 필요한 순간도 생기고, 외국 제품을 택하는 순간도 있더라. 난 그저 소비자일 뿐이니까 싸고 좋은 것을 택하는 건 당연한 거 아니야? 그런데 국내 브랜드가 생산한 제품이 우리나라보다 외국에서 더 싸게 팔리는 걸 확인했을 땐 배신감도 들었어. 우리나라 기업 회장님들에게 꼭 말해주고 싶어. 소비자들의 마음은 갈대와 같다고. 2014년의 돈 없고 똑똑한 우리 세대들은 발품을 많이 팔아서라도 더 싸고 좋은 제품을 얻길 원한다고. 해외 직구 열풍? 당연히 부작용도 있겠지. 그런데 우리나라 기업들에게 경종을 울리는 일일 수도 있다고 생각해."

's TIP

해외 직구,
이것만은 반드시 알아라

해외 직구에 등장하는 전문 용어들

핫딜Hot Deal　배송대행업체가 운영하는 각종 커뮤니티에는 직구족들이 올리는 실시간 정보들이 많아요. 외국 브랜드 같은 경우엔 딱 3~4시간만 진행하는 깜짝 세일이 잦은 편이죠. 이때 이전 세일에서는 한 번도 나온 적이 없는 가장 저렴한 가격이 등장하는데 이것을 '핫딜'이라고 해요. 특히 외국에 거주하는 직구족들이 핫딜을 제일 먼저 알아채고 공유하기 때문에 커뮤니티엔 어느 곳보다 빠른 정보가 올라오는 편이에요.

배대지　'배송대행지'의 줄임말이에요.

오프로드Offload　항공사의 사정에 의해 예정된 일정에 선적되지 못하고 다음 항공편에 선적되는 것을 말해요.

백오더Back Order　재고 부족으로 쇼핑몰에서 제조사에 상품을 요청한 상태예요. 이런 경우 주문한 상품 중 재고가 있는 상품만 먼저 발송되고, 품절된 제품이 입고되었을 때 추가 발송이 이뤄진답니다.

프리쉽Freeship　'무료 배송'이라는 뜻입니다. 보통 인터넷 쇼핑몰 사이트에서는 미국 내 배송비를 부과하지만 일정 조건을 만족시켰을 때나 이벤트로 무료 배송을 해주기도 하죠.

묶음 배송 두 곳 이상의 쇼핑몰에서 주문한 뒤 이 물건을 한 번에 한국으로 배송받기 위해 묶음 배송을 신청할 수 있어요. 배송비를 절약할 수 있는 팁이죠.

트래킹 넘버 Tracking Number '송장 번호'를 말하는 것으로 쇼핑몰에서 물품을 발송한 뒤 발송 확인 메일을 통해 확인이 가능해요. 이 번호로 현재 내 상품이 미국 내 어디에 있는지 확인이 가능하고 대략적인 무게와 도착 예정일을 미리 알 수 있지요.

실측 무게 배송대행업체에 물건이 도착했을 때 업체에서 측정하는 물건의 실제 중량을 말해요. 대부분 배송대행업체는 브랜드에서 보내준 택배 포장을 뜯고 더 가볍고 단단하게 재포장을 해줍니다.

폐기 세관 신고 중 세관 기준에 부합하지 않는 물품들은 폐기 통보를 받게 되는데 폐기 통보를 받으면 폐기 수수료가 부과되지요. 수수료를 지불하지 않더라도 해당 물품은 세관에서 압수해 폐기 처리합니다.

외식 프랜차이즈
〈셰프의 국수전〉 김석훈 대표

일당 6만원 공사판 잡부에서 연 80억 매출의 프랜차이즈 대표로
잠·연애 포기하고 시드 머니에 바친 20대

트렌디한 까만 뿔테에 딱 맞는 검정색 슈트, 위로 세워 멋을 낸 헤어스타일. 김석훈 대표는 상상했던 30대 CEO의 모습 그대로였다. 김 대표는 일찌감치 성공한 CEO답게 말끔한 모습으로 등장했지만 내 눈길을 사로잡은 것은 그의 검고 거친 손이었다. 국내외 60개 점포에서 연 80억원을 벌어들이는 검고 거친 손의 탄생은 그의 20대 시절로 거슬러 올라간다.

김 대표의 20대는 유독 춥고 피곤했다. 서울의 한 대학교에서 건축학을 전공했던 그는 장래에 대한 고민이 많았다. 스무 살, 남들보다 일찍 입대해 2년간 '앞으로 어떤 일을 해야 할지' 생각했다. 제대하면서 내린 결론은 '장사'였다. 장사를 하려면 밑천이 필요했지만 이제 막 사회에 나온 어린 청년에게 모아둔 돈이 있을 리가 없었다. 장사 밑천을 대줄 만큼 집안 형편이 좋지도 않았다. 장사 밑천을 모으기 위해 22세 청년이 뛰어든 곳은 일당 6만원의 공사판이었다. 그렇게 그의 '시드 머니 모으기'가 시작됐다.

12월 25일 크리스마스, 1월 1일 새해, 2월 14일 밸런타인데이. 그에게 이 날들은 그저 모두 일하는 날일 뿐이었다. 시드 머니를 모으기 시작하면서 포기해야 할 것이 하나둘 늘어났다. 가장 힘든 것은 잠과의 싸움이었다. 김 대표는 하루라도 빨리 종잣돈을 모으자는 목표를 세운 뒤 '직진 모드'로 앞만 보고 달렸다. 새벽 4시부터 저녁 8시까지 매일 16시간씩 온갖 험한 일들을 찾아다녔다. 이러니 연애를 못하는 것은 당연한 일이었다.

"어이, 김씨 자네 뭐 발랐는가? 좋은 향이 나네."

"예? 아, 로션 냄새예요."

"아따, 팔자 좋네 그려. 로션 바를 정신도 있고. 역시 젊음이 좋구먼."

일터에선 로션을 바르는 것도 화제가 됐다. 김 대표는 공사판 동료들의 이야기를 들은 후 7년간 로션을 바르지 않았다. 나이 많은 동료들과 어울리기 위한 선택이었다. 가정을 책임지고 있는 동료들만큼 본인도 절박하다는 것을 표현하는 한 방법이기도 했다. 또 여름에는 트레이닝복 한 벌로, 겨울에는 점퍼 하나 걸치고 계절을 났다.

"시드 머니 모으기에 매진하면서 20대 청년이 할 수 있는 것들은 모두 포기했어요. 저에게 휴일은 추석과 설날뿐이었죠. 이러니 미팅, 소개팅, 연애는 먼 나라 얘기였어요. 돈 버는 게 얼마나 힘든지 아니까 스스로에 대한 투자가 아깝게 느껴지더라고요. 단벌에 로션도 바르지 않으면서 좋은 것을 입고 사는 법도 잊었습니다."

그렇게 7년간 공사판을 오가고 화물차로 배송 일을 하면서 3억원을 모았다. 이제 꿈을 이룰 일만 남았다고 생각했지만 그는 그 이후로도 두 번이나 더 시드 머니를 모아야 했다.

빈손으로 시작, 실패해도 원점이다

그는 전공을 살려 건축물 외곽조명 사업을 시작했다. 7년을 고생한 끝에 드디어 내 가게를 열었지만 달콤한 꿈은 3개월을 가지 못했다. 경험이 부족했던 탓일까. 장사를 시작한 지 3개월 만에 뉴스에서만 보던 사기를 당했다. 가게 문은 닫혔고, 김 대표의 손에 남은 것은 아무것도 없었다. 다시 출발점으로 돌아왔다. 빈손으로 시작했으니 실패해도 원점인 셈이었다. 그는 다시 시드 머니를 모으기 위해 화물차를 끌고 물품을 납품하기 시작했다.

두 번째 기회는 생각보다 빨리 찾아왔다. 물품을 납품했던 외식 프랜차이즈 '객잔차이나'에서 그에게 대표로 일해보지 않겠느냐는 제안을 해왔다. 당시 김 대표를 곁에서 지켜본 가맹점주들이 갈등이 많았던 본사 대표를 내보내고 그를 CEO 자리에 앉혔다. 2007년 8월 그는 최종 목표였던 프랜차이즈 대표 자리에 오르게 됐다. 김 대표가 객잔차이나를 맡은 후 점포수는 60개까지 늘어났다. 프랜차이즈 사업이 탄탄대로를 걸을 때 또 위기가 찾아왔다.

가맹점주들과 갈등을 겪었던 전 대표가 그에게 소송을 제기했다. 자리를 다시 찾으려는 전 대표와 지금의 자리를 지키려는 김 대표와의 다

틈은 생각보다 길어졌다. 총 12번의 소송을 겪으면서 가진 돈도 탕진했다. 30대 초반의 청년이 혼자 감당하기 힘든 일이었다.

"그때는 죽고 싶다는 말로도 표현이 안 될 만큼 힘들었어요. 열심히 모으고 잃는 과정을 반복하면서 좌절도 많이 했어요. 하지만 젊을 때 겪었던 수많은 실패들이 지금은 사업을 이끄는 원동력이 됐죠."

노력은 배신하지 않는다

다시 빈손이 된 그에게 선물처럼 찾아온 것이 '셰프의 국수전'이었다. 김 대표가 소송을 치르는 동안 그의 곁에는 6명의 동료가 남아 있었다. 10개월간 임금도 받지 못한 상태였다. 동료들은 그를 일으켜 세워 장사 밑천으로 쓸 시드 머니를 모았다.

드디어 2011년 1월, 신촌에 있는 이화여대 앞에 '셰프의 국수전' 1호점을 열었다. 스타 셰프를 영입하고 블로그 마케팅을 통해 홍보를 시작했다. 여대생들 사이에 입소문이 나자 가맹점을 내고 싶다고 찾아오는 사람들이 줄을 이었다. 1호점을 연 지 5개월 만에 가맹사업을 시작, 2012년 점포수를 60여 개까지 늘렸다. 이후 필리핀 등 해외시장에 진출한 데 이어 '셰프의 육개장', 커피전문점 '오드리 헵번 카페' 등 새로운 브랜드도 론칭했다.

결국 노력은 배신하지 않았다. 하루 16시간씩 일하며 벌었던 6만원은 한 해 80억원을 불러오는 '시드 머니'가 됐다.

"목표를 잡았으면 직진하세요. 그리고 실패를 두려워하지 마세요. 잠과 연애를 포기할 수 있는 것도, 실패가 두렵지 않은 것도 20대이기 때문에 가능한 일입니다. 20대의 노력은 반드시 30대의 성공으로 돌아올 겁니다."

5

2030형 계모임을 만들어라

□ 계모임의 원리에 대해 잘 모른다

□ 급하게 목돈이 필요했던 적이 있다

□ 주식, 펀드 같은 단어는 듣기만 해도 머리가 아프다

□ 계에 대한 인식이 좋지 않다

□ 계모임의 원리에 대해 잘 모른다

□ 급하게 목돈이 필요했던 적이 있다

이름 K	**나이** 31세	**성별** 여
결혼 여부 기혼	**직업** 금융계열사 3년 차	
연봉 3,500만원		
현재 자산 4,000만원		

개 인생? 계 인생!

"내가 개 인생이잖아."

30세에 유부녀가 된 K. 부모님에게 손을 벌리지 않고 예단 비용 1,000만원을 마련할 수 있었던 비결을 묻자 이런 엉뚱한 대답이 나왔다. 그런 K에게 이미 알고 있다는 듯 말했다.

"뭐 소리야? 당연히 네가 개 같은 주사를 갖고 있다는 거 알고 있지. 어떤 여자가 술만 취하면 커플들 사이로만 헤집고 들어가겠니? 그게 언제부터였더라? 네가 짝사랑하던 오빠랑 술 마시다 화장실에 갔는데 일 보다가 기절한 채로 안 나와서 술집 종업원들 난리 나고, 그 오빠는 그 장면 다 목격하고 막……."

K가 손에 쥐고 있던 커피잔을 움찔거리는 광경을 목격하고는 입을 다

물었다. 아이스 아메리카노도 아니고 뜨거운 아메리카노였기 때문이다. 입이 문제가 아니라 귀가 문제라고 탓하면서 재차 물었다.

"아니, 그래서 네가 개 인생인 거랑 1,000만원이랑 무슨 상관이 있는 건데?"

K는 마카롱을 집어던질 듯한 태세로 답했다.

"개가 아니라 '계'라고, 계!"

계? 계라고 하면 5학년, 6학년 어머님 세대들이나 운운하는 비합법적인 투자 수단이 아닌가! 게다가 K는 나름대로 금융계 회사에서 일하고 있는 커리어우먼이다. 평소에도 되도 않는 '시크 모던' 스타일을 추구한다며 패션잡지를 끼고 살던 그녀였다. 그런 K의 입에서 구수한 '계'라는 단어가 나오다니, 너무나 의외였다.

K가 계에 눈을 뜨게 된 계기는 27세이던 3년 전으로 되돌아간다. 당시 K에게는 대학 신입생 시절부터 만나던 7년 지기 애인 'R'이 있었다. R은 스물일곱 이른 나이에 대기업 입사에 성공했고, 같은 회사 동기에게 한눈에 반했다며 K에게 이별을 통보했다.

R은 K에게 다른 여자가 생겨 너를 뻥 차버린 것이라고는 말하지 않

았다. K는 트위터와 페이스북을 뒤져 이 사실을 알고 뒷목을 잡았지만, 그 당시엔 서로의 감정이 이미 식을 대로 식었다고 생각했다. K도 그걸 부정하진 못했다. 둘은 너무 오래 사귀었고, 지나치게 긴 시간을 연인으로 보냈으며 결혼 적령기에 도달했을 때에는 사랑곡선이 지나치게 처져 있어서 둘 다 어찌하지 못하는 시기였기 때문이다.

R이 K에게 전해준 마지막 선물은 센스 만점이었다. 어떤 '구' 남친도 이처럼 시기적절하고도 뜻깊으며 제 돈으로 살 수 없을 정도로 비싸고 분노를 불러일으킬 만한 선물을 고를 수는 없을 것이다. R이 K에게 준 것은 '결혼정보업체 가입서'였다. 잘 아는 형님의 친척이 결혼정보업체 사장이라며 "이곳에 가면 무료일 것"이란 말을 농담처럼 진심으로 건네 왔다.

그날 이후 K에겐 목표가 생겼다. 1년 안에 좋은 남자를 만나 결혼하는 것. 그녀가 원하는 결혼 시기는 28세였다. 이 시기를 넘기고 싶지는 않았다. 물론 그 기준에 사로잡혀 억지로 결혼식장에 들어서고 싶은 건 아니었다. 하지만 다시 연애를 시작한다면 되도록 1년 안에 모든 것을 마치고 싶었다. 오랜 연애의 후유증 같은 것이기도 했다.

K는 구 남친의 마지막 선물을 최대한 활용했다. 무료 등록 후 그곳에서 총 6번의 만남을 가졌고, 총 5명의 남자를 만났다. 그리고 첫 번째 만났던 U를 여섯 번째 만났을 때 이 업체와의 계약을 끝냈다. U를 처음 만났을 때 그는 대기업 직장인 31세 남성이었지만 여섯 번째 만남 때 그는 개인 사업체를 운영하는 32세 사업가가 되어 있었다. 그사이 K의 귀에는 R이 결혼 날짜를 잡았다는 소식이 들려왔다.

일주일 정도 질풍노도의 시기를 겪은 K는 금세 평정을 되찾았다. 본인이 앞으로 해야 하는 일들이 무엇인지, 그러기 위해선 어떤 것을 준비해야 하는지를 차근차근 생각하기 시작했다. 그녀가 빠른 시일 안에 결혼이란 목표를 달성하기 위한 선행 조건이 남자 말고 또 있다는 사실을 깨닫는 데에는 그리 오랜 시간이 걸리지 않았다. 결혼을 위해선 남자 그리고 사랑이 필요했지만 '돈'도 있어야 했다. "아무것도 필요 없어. 난 너만 있으면 돼"라고 말하는 동화 속 왕자님을 만나지 않는 한.

K의 집안은 부족하지도 넉넉하지도 않은 중산층이었지만 부모님이 아파트값 일부를 이미 마련해주신 상태에서 예단 비용까지 해달라고 할 수는 없었다. 적어도 예단 비용 1,000만원만큼은 벌어놓고 싶었다.

대학원을 다니며 각종 기업에 자기소개서 50여 개를 넣었던 K는 안타깝게도 실패의 고배를 마셔야 했다. 이때쯤 대학원을 마치고 28세에 다다른 K는 임시직으로 직장을 마련했다. 서울 사교육1번지의 논술 학원 강사. 안정적인 직장은 아니었지만 월 300만원 이상을 벌 수 있었다. K는 강남 교육1번지의 치맛바람 사모님들과 자연스럽게 친해졌고 사모님들의 재테크 노하우에 대해서도 들을 수 있었다. 그중 하나가 바로 '계'였다.

계는 합법적인 재테크 방법은 아니었지만 오래전부터 우리네 어머니들 사이에선 심심찮게 통용되던 돈 불리기 수단이다. 계모임을 나간다느니, 계주가 돈을 갖고 튀었다느니 하는 말들은 대한민국 2030세대들에게도 친숙한 표현이다. K는 결혼을 앞두고 목돈이 필요한 이들에게 계가 좋은 수단이 될 수 있다고 생각했다.

"시골에서 자라서 그런지 나도 어머니가 푼돈을 모아 계를 한단 얘길 들은 적이 있거든. 그 돈이 내 입학금이 됐을 수도 있고. 뭐 어쨌든 지금까지도 계는 50대 이상 시골 어머님들의 전유물이라고 생각했지 우리 세대가 계를 이용해 돈을 모을 수 있다는 생각은 전혀 하지 못했어. 하지만 계는 정해진 정의가 없다는 생각이 들었어. 그냥 돈이 필요하고 뜻이 맞는 소수의 인원들이 모여 투기성이 아닌 정말 순수한 저축 목적으로 돈을 모으고 순서에 따라 나눠 갖는 것 아니야? 특히 결혼을 앞둔 세대들은 목돈이 필요하기도 하잖아. 안 그래?"

우리 모두의 마음은 같다

실행력 강한 K가 계모임 조직에 나섰다. 대상은 결혼을 '급하게' 앞두고 있거나 '조만간' 앞두고 있거나 '먼 훗날' 앞둔 사람, 이 세 부류였다. 계의 특성상 가장 급하게 돈이 필요한 사람과 나중에 돈이 필요한 사람의 이해관계가 맞아야 하기 때문이다. 서둘러 돈을 마련해야 하는 사람은 곗돈을 가장 먼저 가져가는 대신 남은 기간 동안 이자와 함께 돈을 갚아나가야 하고, 나중에 돈이 필요한 사람은 앞서 돈을 지출한 대신 두둑한 이자를 얹어 목돈을 가져갈 수 있는 구조다.

K는 주변에서 결혼을 공식적으로 발표한 이들을 리스트 목록에 적었다. 첫 번째 레이더망에 포착된 사람은 당장 2개월 뒤에 결혼을 앞두고

있는 30세 오라버니 Z. 소개팅으로 만나 1년 만에 결혼에 골인하는 Z에게 전화를 걸었다.

"오빠, 언니한테 가방 하나 선물해줬어? 언니가 은근히 가방을 원하지 않아? 에이, 무슨 소리야. 여자들은 결혼할 때 자기가 받고 싶은 가방을 결혼 2년 전부터 정해놓는다니깐."

마침 Z는 집 마련을 끝내고 빈털터리가 되어 있는 상황이었다. 때문에 남아 있는 결혼 필수품 목록들과 프러포즈 이벤트 비용이 부담되는 시기였다. 처음에 Z는 계 동참을 다소 찝찝하게 생각했지만 금세 1,000만원에 눈알이 굴러가는 소리가 수화기 너머까지 들렸다.

다음은 "무조건 오케이, 콜!"을 외친 동갑내기 대학동기 O. 그녀는 결혼을 무려 15개월 앞두고 결혼을 공식화했던 '쿨녀'다. 8개월을 앞두고는 집 계약을 마쳤고, 신혼살림 장만까지 끝냈다. O에게 남은 일은 신부 몫인 신혼집 장판과 도배, 갖고 싶었던 오븐 마련 등이다. 결혼 전부터 "돈 없어"를 외치던 O는 계모임을 제안한 K에게 "네가 언제부터 내 인생에 도움되는 짓을 하기 시작했냐"며 폭풍 칭찬을 늘어놓았다. Z와 O가 일면식이 있다는 점에서도 모임 일원으로 제격이었다. O의 어머니 역시 계모임을 해본 경험이 있어 O에게 계는 낯설지 않은 단어였다.

Z와 O에 이어 나머지 7명도 한 달여 만에 섭외가 완료됐다. 그중에는 결혼을 앞두진 않았지만 유학비 마련, 대학원 등록금 마련 등으로 급전이 필요한 친구들도 속했다.

이들이 K의 제안에 환호한 이유는 비슷했다.

빠른 시일 안에 돈이 필요했던 4인

모아놓은 돈을 다 썼는데 마음 놓고 손 벌릴 수 있는 곳이 없었다. 어디에서 돈을 빌릴지 막막했다.

저축의 개념으로 계에 동참한 6인

요즘엔 금리가 너무 낮아서 예금이나 적금으로 돈을 불리기가 쉽지 않다. 계산을 해보니 계는 급전이 필요한 사람들이 있는 만큼 수익률이 시중 은행보다 훨씬 높았다. 아주 큰돈을 계에 붓는 것은 다소 부담이 되지만 상황이 비슷하고 아는 사이끼리 계를 만들어 서로의 이해 상황에 맞게 돈을 가져가는 것은 찬성이다.

물론 K의 제안에 반대표를 던진 쪽도 있었다. 이 경우엔 K의 신뢰성이 문제가 됐다. 계주가 돈을 갖고 튀면 어쩌느냐부터 계모임이 정상적으로 유지되지 못하고 중간에 흐지부지될 것이라고 생각한 사람들은 계를 탐탁지 않게 생각했다. 하지만 어찌어찌하여 '계 원정대'는 구성됐고 이들의 1,000만원을 향한 여정도 돛을 올렸다.

한 판 더, 콜?

이들이 계를 구성한 원리는 이렇다. 10명이 모여 10개월 동안 진행하는 것. 가장 돈이 급한 첫 번째 타자가 자신이 낸 100만원을 포함해 1,000만원을 먼저 타 가고, 이후 9개월 동안 매월 100만원(원금)+10만원(이자)으로 110만원씩을 갚는다.

두 번째 타자는 첫 번째 달에 100만원을 내고 두 번째 달에 곗돈(본인의 100만원 포함)을 탄 뒤 세 번째 달부터 이자 10만원을 포함한 110만원을 매달 내면 된다. 이때 두 번째 타자가 가져가는 곗돈은 첫 번째 타자가 낸 이자 10만원을 포함해 1,010만원이다. 이런 식으로 진행될 경우 마지막 10번째 타자는 매달 100만원씩 낸 뒤 마지막 달에 1,090만원을 손에 쥐게 된다.

	첫 번째 달	두 번째 달	세 번째 달	……	아홉 번째 달	열 번째 달
1번	100만원	100만원+10만원	100만원+10만원	……	100만원+10만원	100만원+10만원
2번	100만원	100만원	100만원+10만원	……	100만원+10만원	100만원+10만원
3번	100만원	100만원	100만원	……	100만원+10만원	100만원+10만원
4번	100만원	100만원	100만원	……	100만원+10만원	100만원+10만원
5번	100만원	100만원	100만원	……	100만원+10만원	100만원+10만원
6번	100만원	100만원	100만원	……	100만원+10만원	100만원+10만원
7번	100만원	100만원	100만원	……	100만원+10만원	100만원+10만원
8번	100만원	100만원	100만원	……	100만원+10만원	100만원+10만원
9번	100만원	100만원	100만원	……	100만원	100만원+10만원
10번	100만원	100만원	100만원	……	100만원	100만원
	1,000만원을 1번이 가져감	1,010만원을 2번이 가져감	1,020만원을 3번이 가져감	……	1,080만원을 9번이 가져감	1,090만원을 10번이 가져감

K의 순서는 9번째였다. 1~9번째 달까지 100만원을 내고 9번째 달에 1,080만원을 가져갔다. 수익률은 8%. 시중 은행 예금 수익률이 2%도 안 된다는 것을 감안하면 만족할 만한 수치라는 판단이 들었다.

어차피 K는 남자도 없었기 때문에(하아……) 급하게 돈이 필요하지도 않았고 차근차근 돈을 모은다는 생각만 갖고 시작한 계였다. 노리던 10번째 순서는 수익률이 9%로 대박 자리였지만 "난 너(K)보다 결혼을 늦게 할 것이 확실하다"라고 우기는 대학 동기(하아……)에게 양보했다.

계에 참석한 대부분의 인원이 결과에 만족했다. 이후 여러 가지 의견이 쏟아지며 한 번 더 계를 추진하자는 목소리가 있었다. 사공이 많으면 배가 산으로 간다고 했던가. 계를 경험한 계원들이 많으니 계모임은 처음처럼 순조롭게 짜이지 않았다.

누군가는 수익률을 조금 더 높여 200만원씩 곗돈을 붓고 이자는 한 달에 30만원씩으로 하자고 제안했다. 하지만 곗돈에 200만원'씩이나' 투자할 수 있는 사람도 없었거니와 월 이자 30만원씩을 감당할 정도로 급전이 필요한 사람도 없었다.

몇 번의 논의를 거친 결과 이번의 모임은 '언제든 필요할 땐 가동할 수 있지만 현재는 이해관계가 맞지 않으므로 임시 해산'이란 결과를 내렸다. 첫 번째 결과가 만족스러운 수준에서 유종의 미를 거두기로 한 것이다.

K는 이때 다시 한 번 느꼈다. 계는 동참하는 사람들의 의지와 성품, 관계 등이 가장 중요하다는 것을. 29세가 된 K의 손에는 계를 통해 얻은 1,080만원이 들려 있었다. 이 기간 동안 K는 다른 재테크엔 손대지 않았

다. 이미 곗돈 100만원만으로 부담감이 느껴져 다른 여유가 없었기 때문이다. 짧은 기간 동안 진행하는 만큼 10개월 동안 계에만 집중하자고 마음을 먹고 시작했던 것이다.

계판을 벌이다

K는 고등학생 시절부터 응용력이 뛰어났다. '야자'를 할 때도 K만큼 잘 빠져나가는 학생이 없었다. 학생주임 선생님이 야자 당번이었을 때 연속으로 두 번 빠져나간 것도 K가 유일했다. K의 지론은 이랬다. 억지로 이것저것 핑계를 대다가는 단박에 걸린다는 것. 한 가지의 시나리오를 짠 뒤 이것을 주구장창 밀고나가야 한다는 것이었다. 일단 K는 '변비'에서 모티프를 얻었다. 고등학교 3학년이 된 K는 왼쪽 아랫배에서 뭔가가 만져진다며 며칠을 고민에 빠져 있었다. 아랫배가 불룩하고 욱신거려 찝찝했다. 결국 일이 터졌다. 야자 도중에 복통을 호소하며 K는 응급실로 실려 갔다. 다음날 K의 진단 결과는 전 학년으로 퍼졌다. 변비에 걸린 K의 배에 가스가 가득 차 있더라는 것이었다. 그때부터 K의 별명은 '똥순이 엄마'가 됐다. 이후 K가 야자를 벗어나는 핑계는 화장실이 됐다. 도저히 학교에서는 '큰 일'을 볼 수가 없는데 이러다가는 또 쓰러질 것 같다는 것이 학생주임을 설득시켰다. 28세의 K 역시 한번 꽂힌 일에서 나뭇가지를 뻗어나가는 식이었다. 계도 마찬가지. K는 평소 지출 비중이 컸던 점심식사 비용에 대한 해결 방법을 계에서 찾았다.

　직장에서 점심식사까지 제공해주지 않는 탓에 동료들끼리 밖으로 나가 식사를 해결하면 평균 1만원은 반드시 써야 했다. 동네가 동네인지라 식비 물가도 높았다. 무엇보다 식비 단가에 가장 영향을 미치는 건 동료 선생님들의 여론이었다. 돈도 아낄 겸 그냥 김밥으로 때우고 싶은 마음이 굴뚝같았지만 동료들은 "밥이라도 좋은 것을 먹자"는 의견이 지배적이었다. 게다가 더치페이 문화이다 보니 1인당 1만원을 훌쩍 넘기는 날도 있었다. K가 큰맘 먹고 목소리를 냈다.

　"주 6일 출근할 때마다 평균 1만원씩 점심 값이 나가잖아요. 그렇게 따지면 일주일에 6만원, 한 달에 24만원(6만원×4주)이에요. 1년이면 288만원(24만원×12개월)이죠. 이 돈이면 웬만한 가방 두 개는 살 수 있잖아요."

　역시 여자들의 셈법은 쇼핑 아이템 가격과 비교했을 때 가장 빨리 이해가 됐다. K의 제안은 이랬다.

　"항상 같이 점심을 먹는 선생님 5명이 점심계를 조직하는 거예요. 5명은 매달 20만원씩을 곗돈으로 붓고요. 그럼 한 달에 식비로 쓸 수 있는 돈이 100만원인데 최대한 돈을 아껴서 그 달에 남은 돈은 제비뽑기를 통해 한 명에게 몰아주는 거죠. 해당 월에 남은 곗돈을 가져간 사람은 다음 달 제비뽑기에선 제외시키는 거고요."

재미있겠다는 반응이 나왔고 당장 다음 달부터 '20만원 점심계'가 시작됐다. 점심 풍경은 확연히 달라졌다. 남은 곗돈을 누가 가져갈지 모르니 최대한 많이 남기기 위해 점심 메뉴의 레벨을 낮추었다. 예전 같으면 알밥 정식 5개를 시켜 먹었겠지만 이제는 알밥 정식 4개를 시켜 5명이 나눠 먹기도 했다. 동료 선생님들의 속마음도 튀어나왔다.

"좋다, 좋다, 참 좋다. 솔직히 누가 옆에서 오늘은 까르보나라 먹고 싶다고 하는데 나만 다른 곳에 가서 싼 것 먹겠다고 하긴 좀 그렇잖아."

"맞아요. 나도 은근히 점심 값이 부담됐다고. 난 사실 입맛이 그리 고급스럽지 않아서 컵라면에 삼각김밥만으로도 점심을 해치울 수 있거든. 그런데 단체 생활에서 어디 내 스타일만 고집하기가 쉬운가? 이런 것도 다 사회생활의 일환인데."

공동체 의식이 생기니 돈 아끼는 일은 가속도가 붙었다. 일주일에 한 번은 아예 점심값을 쓰지 말자는 의미에서 '도시락 데이'를 만들었다.

첫 번째 달에 남은 곗돈은 무려 40만원. 5명의 한 달 식비가 고작 60만원에 그쳤던 셈이다. 1인당으로 따지면 12만원. 20만원의 곗돈을 부어 8만원을 남긴 셈이다. 제비뽑기를 통해 40만원은 미모의 영어선생님에게 돌아갔다.

계획된 5개월이 지나갔고, 이 기간 동안 1인당 평균 45만원가량의 곗돈을 받을 수 있었다. 호응에 힘입어 점심계는 총 3번이나 연장됐고, K

는 그때마다 받은 곗돈을 통장에 차곡차곡 모았다. 점심계가 15개월 동안 K에게 남겨준 금액은 125만원이었다.

현재 학원 선생님을 그만두고 번듯한 금융회사에 취업한 K는 이 같은 계모임만 4개를 운영하고 있다. 출근이 빠른 업계의 특성상 매일 아침을 함께 먹는 '얼리버드팀 계모임', 한 달에 한 번은 반드시 만나는 대학 동아리 계모임, 그리고 현재 결혼을 생각하고 있는 남자친구와의 '데이트 통장'이다. 데이트 통장의 경우엔 매달 쓰고 남은 돈을 누군가가 가져가진 않지만 결국 내 재산이 될 것이란 생각에 통장 지출이 절로 줄어든다고 한다.

'나홀로 계'

K의 '나홀로 계'의 목적은 나를 위한 것이 아닌 남을 위한 것이었다. 평소 넉넉지 않은 형편에 부모님 생신마저 부담으로 느껴지자 K는 미리미리 준비해두어야겠다는 판단을 했다. 친구나 남자친구 생일이 다가오는 것은 취업 면접일보다 더 떨릴 정도였다.

"내 코가 석자인데 다른 사람 기념일까지 챙기려니 헉 소리가 절로 나오더라고. 그렇다고 안 챙길 수도 없고 말이야. 이런 지인 기념일을 대비한 계를 혼자서 시작해보자고 마음을 먹게 됐지. 따로 통장을 만들어 한 달에 10만원씩을 넣었어. 챙겨야 할 지인이 많은 달에는 더 보태야 할 때도 있었지만 일단 부담을 덜 수 있다는 사실만으로도 좋더라."

K는 평소 흐지부지 나가는 돈이 많거나 계획성 없는 지출로 고민인 이들에게 계를 추천한다.

"잘 생각해 보면 매일 나가는 돈의 패턴은 비슷비슷해. 우리 나이에 쓰는 돈이 다 거기서 거기지 뭐. 아이들 교육비가 나가는 것도 아니고. 그렇기 때문에 이 비슷한 패턴의 돈을 어떻게 운영하는지가 제일 중요하다는 생각이 들더라고. 특히 인맥을 중시하는 요즘엔 대학 때부터 직장인 초년생까지 만들어진 모임들도 꽤 되는 편이잖아. 이런 모임에서 나가는 돈을 무시할 수 없다니깐. 정해진 돈의 틀을 만들고 그 안에서 목표를 갖고 아껴보는 거지."

적금처럼 매달 일정 금액을 붓는 계모임에 대해 위험성도 지적한다.

"계모임은 계주가 진짜 중요하더라. 은근히 챙길 것도 많고, 곗돈을 재촉하기도 해야 하고. 또 중간에 중단될 수 있는 위험도 있어. 당연히 믿을 수 있는 은행에 적금을 붓는 것이 안전하지. 그런데 요새 금리 상황이 워낙 안 좋잖아. 대출 금리도 비싸고. 이럴 때 계가 또 하나의 대안이 될 수도 있다고 생각해."

계모임, 실패하지 않으려면
회칙을 만들어라

조금은 귀찮더라도 계모임 회칙을 정하는 것이 좋아요. 계모임을 운영하다 보면 피치 못하게 발생하는 일들이 많기 때문에 여러 가지 경우를 반영해 회칙을 정해놓을 필요가 있습니다. 2030세대들이 가장 쉽게 많이 하는 계는 '경조사계'입니다. 이 경우 회칙은 이렇게 짤 수 있어요.

제1조(명칭) : 본 계는 'ooo회'라 칭한다.

제2조(목적) : 본 계는 친구 간의 우정을 도모하며 집안의 경조사를 목적으로 한다.

제3조(계원) : 2014年 o月 o日 기준 o명으로 정한다.

제4조(임원) : 임원은 각자 2년간 한 번씩 회장과 총무를 하기로 정한다.

제5조(모임) : 본 계모임은 총 o회로 정하며 지출하는 비용은 ○ (년/월/일)에 ○만원으로 정한다.

제6조(계금) :

1 정기회비는 매월 ○○日 ○만원씩 총무에게 입금한다.

2 계좌번호 : ○○은행 ○○○-○○-○○○○○

3 정기회비 3개월 미납시(정확히 3개월 20일까지) 벌칙금 ○만원을 지불한다.

4 경조사비를 지급 받은 후 무단탈퇴할 경우 그에 준하는 금액을 반납 조치한다.

5 기타 벌칙 조항이나 모임의 추가되어야 할 부분은 정기모임 때 다수결로 결정한다.

제7조(회비 사용) :

1 결혼식(본인) 100만원 지출

2 장례식(처/자식/부모) 50만원 지출

제8조(부칙) : 계칙에 명시되지 않은 사항은 통상 관례(일반성)에 준수할 것이며 계칙 수

정은 정기모임 시 모든 계원의 3분의 2 이상 계원 참석 아래 과반수를 넘

겨서 결정하도록 한다.

카드 설계도를 짜라

□ 사용 중인 카드에 어떤 혜택이 있는지 잘 모른다

□ 단골 카페에서 열 번 도장을 다 찍고 커피 한 잔을 무료로 마셔본 적이 있다

□ 신용등급을 올리는 방법에 대해 잘 모른다

아래의 □ 중 해당되는 항목에 체크하세요.
체크된 항목이 하나라도 있다면 LESSON 6을 꼼꼼히 읽어보세요.

□ 신용카드와 체크카드를 함께 사용하고 있다

□ 사용 중인 카드에 어떤 혜택이 있는지 잘 모른다

□ 단골 카페에서 열 번 도장을 다 찍고 커피 한 잔을 무료로 마셔본 적이 있다

□ 신용등급을 올리는 방법에 대해 잘 모른다

이름 C	**나이** 29세	**성별** 여
결혼 여부 미혼	**직업** 반도체 대기업 5년 차	
연봉 3,200만원		
현재 자산 2,400만원		

그녀의 '마이다스의 손'

"네일아트 받고 왔어. 내 손은 '마이다스의 손'이니깐."

C의 발언에 친구들은 모두 어처구니없다는 표정을 지었지만 그녀가 뜬금없이 '마이다스의 손'을 운운하는 건 절대 농담이 아니었다. 그녀의 손을 거치면 많은 것이 달라진다는 것을 알고 있었기 때문이다.

C의 남자친구는 누가 됐든지 간에 '개구리'로 불렸다. 2010년에 사귄 남자친구는 개구리10, 2011년에 사귄 남자친구는 개구리11과 같이 식별번호를 부여받았다.

C가 고등학교 졸업 이후 지금까지 만난 남자친구는 모두 3명. 예쁘장하고 늘씬한 C 주변에는 훤칠한 '훈남'들이 득실거렸지만 C의 선택은 언제나 의외의 인물이었다. 덩치가 크거나 유행에 한참 뒤처진 옷을

입고 있는 사람들만 쏙쏙 골라 사귀었다. 그것도 능력이라면 능력이었다. 언젠가 C 옆에 서 있는 개구리11을 실제로 본 친구들은 다시는 C에게 소개팅을 받지 않기로 '결의'했다. 모두 C의 남자친구에게 기겁했던 것이다. 그날 개구리11은 그 유명한 샌들 안에 양말 신는 아저씨 패션을 자랑하고 있었고, 티셔츠와 바지를 노란색으로 '깔맞춤'해 입고 있었다.

그런데 신기하게도 이 개구리들은 C를 만난 뒤 6개월만 지나면 모두 환골탈태했다. 말끔한 정장 차림으로 C의 친구들 앞에 나타나기도 했고, 어떤 개구리는 C를 만나 무려 취업에 성공하기도 했다. 잘 키워놓은 개구리 한 마리는 달라진 모습으로 한눈을 팔다 C에게 뺑 차이기도 했다.

그런 이유로 C의 친구들은 마법에 걸린 개구리가 왕자로 변화는 동화 《개구리 왕자》에서 C의 남자친구를 지칭하는 '개구리'라는 별명을 따오게 된 것이다.

마이다스의 손이 빛을 발하는 순간은 또 있다. C의 손이 닿는 물건이나 음식점마다 정상 소비자가격은 맥을 못 추고 뚝뚝 떨어진다.

"저 에센스 엄청 좋대. 피부 트러블도 싹 가라앉힌다고 하더라."

"어머, 정말? 마침 에센스 필요했는데 저걸로 사야겠다."

친구의 추천을 받자마자 C는 망설임 없이 화장품 가게로 들어갔다. 대중적인 화장품 가게에서 파는 에센스치고 가격이 비쌌다. C는 휴대폰 계산기를 몇 번 두들겨본 뒤 에센스를 집어 들었다. 여기까진 다른 소비자와 다를 바 없는 상황, C의 능력이 발휘되는 것은 계산대 앞에서다. C가 계산대에서 비장의 카드를 내밀자 5만원대의 에센스 가격이 3만원대로 뚝 떨어졌다.

이런 일은 커피전문점에서도 종종 일어난다. 5,800원짜리 음료가 4천 원대 초반으로 가격이 떨어지고 레스토랑, 영화관 등에서도 C가 계산대 앞에만 서면 가격이 알아서 고개를 숙였다.

가격대가 높은 상품도 예외는 아니다. C의 집에 있는 가전제품은 모두 정상가보다 최소 30%에서 최대 50%까지 할인을 받고 산 물건들이다. C가 '할인의 귀재'이다 보니 다른 사람들에게 부탁을 받는 경우도 더러 있다. 얼마 전에는 친구의 부탁을 받고 80%나 저렴한 헐값에 벽걸이 TV를 사주기도 했다.

C에게 카드란 '절약의 상징'이다

C의 비밀병기는 남들보다 크고 두꺼운 지갑이다. 요술상자 같은 C의 지갑에는 오색찬란한 카드들이 빈자리 하나 없이 빼곡히 지갑의 모든 자리를 차지하고 있다. 몇몇 카드들은 자리가 없어 동전지갑 안에 자리하기도 한다. 가자미눈으로 흘깃 봐도 신용카드 개수만 5~6개는 되는 것 같다. 처음에는 무슨 카드를 그렇게나 많이 가지고 있는지 의아했지만, 알고 보니 소비의 대명사인 '신용카드'가 바로 C의 비밀병기였다.

"난 은행 상품으로 재테크를 하지는 않아. 대신 내가 평소에 사용하는 카드의 혜택을 100% 활용하는 편이지. 요즘 은행마다 경쟁이 붙어서인

지 몰라도 신용카드의 혜택이 아주 다양하고 훌륭해. 제일 중요한 건 내 소비 패턴에 맞는 카드를 고르는 거야."

C는 스스로 카드 설계를 한 뒤 월 30~50만원가량을 절약하고 있다고 했다. 카드 설계를 하기 전 한 달에 100만원가량을 용돈으로 쓰던 C는 카드 설계를 시작한 뒤 지출이 50~60만원으로 대폭 줄었다고 했다. 한 달에 100만원을 '소비 통장'에 넣어놓고 생활하는 C는 남은 금액을 고스란히 적금으로 이동시켰다. 이렇게 모은 돈이 한 해 600만원을 훌쩍 넘어섰다.

C의 카드 설계는 '소비 지도 만들기'에서부터 시작한다. C의 직장은 여의도, 집은 월곡이다. 직장과 집의 거리가 먼 편이지만 C의 하루 소비 지도는 생각보다 단순하다. 대부분의 직장인도 마찬가지이다. 일주일에 5~6일을 직장에서 생활하기 때문에 생활반경은 1km를 넘어가지 않는

다. 하루에 들르는 곳도 거기서 거기다.

C는 한 달 동안 사용한 카드 목록을 죽 훑어봤다. 카드 사용처를 통해 우선 자신의 동선을 파악한 것이다. 신용카드 영수증을 통해 본 C의 일주일은 이렇다.

월요일부터 목요일까지는 여의도 인근 음식점이나 사내식당에서 점심을 먹는다. 점심 후엔 직장 동료들과 회사 근처에 있는 별다방에서 커피 한 잔을 마시며 이야기를 나눈다. 퇴근 후 집에서 저녁을 먹거나 인근 런던바게뜨 제과점에서 샌드위치를 산다.

금요일과 주말에는 소비 패턴이 달라진다. 주말을 앞둔 금요일에는 들뜬 마음에 씨푸드뷔페에서 점심을 먹거나 저녁 때 인근 호프집에서 치맥을 즐기기도 한다. 주말에는 소비 지도의 반경이 더 넓어진다. 주로 광화문 또는 삼청동 레스토랑에서 친구들과 밥을 먹는다.

"자, 다음은 소비 지도에 맞춰 내가 자주 가는 곳에서 할인 혜택을 주는 카드를 찾는 거야. 이건 아주 쉬워. 포털사이트에서 '런던바게뜨 할인카드'만 치면 똑똑한 파워블로거들이 주르륵 정리해놓은 게 있거든. 그럼 나는 그중에서도 또 다른 단골집 할인과 겹치는 카드를 선택하면 되는 거야."

C는 카드의 모든 할인 혜택을 이용하기 위해 분할 소비를 한다고 했다. 대부분의 카드는 전월에 일정 금액 이상을 써야 할인 혜택을 제공해주는 것이 일반적이다. 보통은 30만원 이상을 쓰면 할인 혜택을 받을 수 있다. 때문에 C가 한 카드에서 사용하는 금액은 31만원을 넘어가지 않는다. 한 카드로만 몰아 쓸 경우 다른 카드는 소비 금액이 30만원을 넘

지 않아 혜택을 볼 수 없기 때문이다. 그래서 C는 이틀에 한 번꼴로 카드별 사용액을 반드시 체크한다. 소비 지도도 세 달에 한 번꼴로 다시 만들어본다. 소비 패턴이 바뀌었다 싶으면 그에 맞는 카드로 갈아탄다.

다른 여자들은 남자친구와 헤어지면 머리를 자른다고 하지만 C는 카드를 잘라버린다. 세 달 전까지만 해도 C의 소비 지도는 철저하게 남자친구 위주였다. 이탈리안 레스토랑보다 한식집을 더 자주 갔고, 커피전문점의 케이크 대신 분식집 떡볶이와 순대를 간식으로 먹었다. 남자친구가 좋아하는 여의도 oo음식점과 oo분식점은 일주일에 세 번씩이나 가는 곳이었다. 남자친구와 헤어진 C는 소비 지도를 업데이트한 뒤 체크카드 3개를 가위로 잘랐다. 대신 새로운 카드 3개를 만들었다. oo음식점 할인 카드를 oo커피전문점 할인 카드로, oo분식점 할인 카드를 oo제과점 할인 카드로 교체하는 식이다. 또 금요일이나 주말에 자주 찾는 oo뷔페 할인 카드를 새로 만들었다. 대다수의 사람들이 카드사의 할인 혜택을 일방적으로 받지만 C는 자신의 소비에 맞춰 카드사 혜택을 쌍방향으로 받고 있는 셈이다.

"보통 가는 곳만 주로 찾는 경향이 있잖아. 내가 주로 어딜 가는지만 파악해서 할인 혜택을 추가하는 거지. 내가 이 음식점에 자주 가는 것 같아, 근데 할인 카드가 없다면? 그러면 바로 인터넷에 접속해 할인 카드를 찾아. 요즘 웬만한 곳에는 다 할인 카드가 있거든."

이 같은 방식으로 C가 현재 사용 중인 카드는 포인트 적립카드들을 포함해 체크카드 4개, 신용카드 2개이다. 소비 생활에 맞춰 1년에 한 번

이상은 카드를 교체하는 편이라고 한다.

C의 노트북 바탕화면과 즐겨찾기엔 각종 카드사와 은행의 홈페이지가 등록돼 있다. 은행이나 카드사 홈페이지에 들어가 새로운 카드의 할인 혜택 정보를 확인하는 것이 C의 일상이다. 소비 지도에 새로운 가게가 추가되면 홈페이지에서 할인 카드를 알아본다. 생각과 일치하는 카드 혜택이 있으면 은행으로 가 카드를 발급한다.

카드에 '깜지 실력'을 발휘하라

처음부터 카드 할인이 원활하게 이루어진 것은 아니다. 수많은 카드를 만들어놓긴 했는데 C의 머릿속은 복잡해져 가기만 했다. 'a카드는 어디가 할인이 되었더라'를 생각하는 데만 10분이 걸렸다. 생각만 하다가 결국 할인 혜택이 없는 음식점으로 발길을 돌리는 경우도 잦았다.

이럴 거면 힘들여서 소비 지도를 짜고 은행에서 카드를 알아보는 수고도 들일 필요가 없다는 생각이 들었다. 그래서 생각해낸 방법이 '깜지(글씨를 가득 써서 공부하는 것)'였다.

카드 뒷면에 C가 자주 가는 곳의 할인 혜택을 적어놓고 글씨가 번지지 않게 위에 투명테이프를 붙였다. 'oo커피전문점 20%, oo음식점 25%, oo영화관 30%.'

C의 카드 뒷면에는 모두 이처럼 할인 혜택이 빼곡히 적혀 있다.

C의 휴대폰 사진첩에도 그 흔한 셀카보다 카드 안내서 사진이 더 많다. 카드를 새로 만들 때마다 카드 안내서를 사진으로 찍어뒀다. 할인 혜택 내용이 헷갈릴 때마다 꺼내보기 위해서다.

"할인 혜택을 잘 사용하려면 조금의 노력이 필요하지. 중·고등학교 때 쌓은 깜지 실력 묵혀서 뭐할 거야? 이렇게라도 써야지."

신용카드의 장단점을 제대로 파악하라

대학교에 갓 입학한 C는 체크카드로 용돈을 받아썼다. 그런 C에게 신용카드는 말 그대로 동경의 대상이었다. 그때 그녀의 언니는 이미 직장인이었다. 그것도 국제선을 타는 스튜어디스. 곱게 빗은 머리에 화장한 얼굴, 제복을 입은 언니는 고등학교 시절부터 C의 우상이었다. 특히나 C를 위해 카드를 긁는 언니의 모습 뒤로는 후광이 비칠 정도였다. 희생할 때를 알고 긁히는 신용카드의 모습은 아름다웠다.

특히 언니가 신용카드를 내밀며 "일시불요!"를 외칠 때는 자신도 언젠가는 저 단어를 사용할 날이 있을 거라고 되뇌었다. 대학 졸업 후 취업하자마자 만든 것도 신용카드였다. "일시불요!"를 외칠 때의 그 쾌감이란. 그러나 쾌감 뒤에 숨은 쓸쓸함을 깨닫기까진 그리 오랜 시간이 걸리지 않았다. 집으로 카드명세서가 날아온 날, 엄마의 고무장갑이 얼굴로 날아들었다. "감당도 못할 돈을 왜 써!"라는 타박과 함께 차지게 떨어지는 고무장갑의 감촉은 빳빳한 카드와는 달랐다. 차갑고 도도한 카드와 달리 고무장갑은 부드럽지만 매몰찼다. 몇 번의 시행착오를 경험한 뒤 C 는 카드 설계 과정을 거쳐 체크카드와 신용카드의 비중을 2대 1로 만들었다.

"할인 혜택 면에서 봤을 때 신용카드는 혜택의 범위가 적은 대신 할인 폭이 크더라. 반면 체크카드는 혜택의 범위가 넓은 대신 할인 폭이 적어. 신용카드에는 연회비가 있고 체크카드에는 연회비가 없는 것도 큰 차이야. 내 소비 패턴으로 따져보면 체크카드를 사용할 때 더 많은 혜택을 받을 수 있어."

그렇다고 신용카드의 존재를 아예 무시하는 것은 아니다. C가 신용카드를 사용하는 목적은 체크카드와는 조금 다르다. 바로 '신용등급 관리'를 위해서다.

C는 본인의 신용등급을 자주 확인하는 편이다. 신용등급은 신용카드 발급뿐 아니라 한도를 정하고 대출을 받을 때도 큰 영향을 미치기 때문이다. 급한 일이 생겼을 때 돈을 쉽게 구할 수 있느냐, 없느냐가 여기에 달렸다. C가 신용등급 관리를 재테크의 일환으로 생각하는 것은 이 때문이다.

한 달 전에도 C는 습관처럼 신용카드 한도를 알아봤다. 그런데 이게 웬일인가. 떨어지기는 쉬워도 올리기는 어렵다는 그 신용등급이 껑충 뛰었다. 입사 초기 C의 신용카드 한도는 600만원이었지만 4년 만에 1,000만원으로 올랐다.

C가 신용카드 한도를 늘린 비결은 간단했다. 주거래 은행에서 신용카드를 만들고 꾸준히 금융 거래 실적을 쌓아 왔다. 카드 대금이 연체되지 않도록 철저히 소비를 관리해 온 것이 그 비결이었다. 또, 주기적으로 신용카드 한도를 물어보거나 2년을 주기로 신용카드를 교체했다. 보통 카드사는 고객이 한도 확대를 요청하거나 새 신용카드 발급을 신청할 때 신용평가사에 해당 고객의 신용등급 평가를 의뢰한다. C는 이런 방법으로 자주 평가를 받고 신용등급을 높인 것이다.

"나중에 어떤 일이 생길지 모르기 때문에 신용카드 한도를 늘리는 것도 재테크 중 하나야. 난 체크카드와 신용카드를 각각 소비용, 신용관리용으로 나눴어. 할인 혜택을 누리면서 신용등급을 높인 거지. 체크카드와 신용카드는 분리해서 관리해야 해."

서른이 가기 전에 만들어라

카드를 만들기 위해 은행에 간 C는 뒤통수를 맞은 기분이었다. 대학을 졸업했다는 이유로 대학생카드와 일반카드의 할인 혜택 내용이 크게 차이 났기 때문이다. 30대를 향해 달려가는 자신의 나이가 원망스러워질 때쯤 은행 직원의 말이 이어졌다.

은행직원 아무래도 대학생 전용카드가 혜택이 많죠. 그중에서 하나 가입하시는 건 어떠세요?

C 제가 동안이긴 하지만 올해 25살이에요. 대학도 졸업했고요.

은행직원 하하. 대학생 전용카드는 만 30세까지 가입하실 수 있어요. 요즘 대학 졸업을 늦추는 학생들이 많아서 실제 대학생들 나이가 많아지고 있잖아요.

C는 감사의 말을 전한 뒤 서둘러서 짐을 챙겨 나왔다. 이후 본인이 대학생과 같은 대접을 받고 있다는 기쁨을 만끽하며 과감하게 대학가로 나갔다. 혜택이 많은 최고의 대학생 전용카드들은 대학가 안에서만 발행해준다는 소식을 들었기 때문이다. C는 그날 소문으로만 들었던 그 대학생 전용카드를 당당하게 발급받았다.

대학에 갓 입학한 새내기 학생들은 처음 사용한 카드를 수년간 즐겨 사용하는 경향이 있다. 이 시기에 카드를 선택하는 대학생들은 높은 충성도를 보이기 때문에 금융기관에서는 대학생 고객을 잡기 위해 애를 쓴다. 대학생 전용카드에 할인 혜택이 많을 수밖에 없는 이유다. C는 주기적으로 카드를 교체했지만 이 대학생 전용카드는 4년간 한 번도 바꾸지 않았다. 가장 자주 사용하는 카드도 대학생 전용카드다. 20대에만 누릴 수 있는 카드 혜택을 온전히 누리고 있는 셈이다.

사원증도 할인 카드다

"글쎄, 우리 C가 나랑 지 아빠랑 가족여행을 시켜줬어. 방이 어찌나 넓고 좋은지 첫째 성님네, 둘째 성님네 식구 다 같이 가서 자도 될 뻔했지 뭐야. 암암 괴기도 꿔 먹었지. 공기 좋은 데서 먹으니까 어쩌나 꿀떡꿀떡 잘 넘어가는지. 아, 내가 그 말 했나? 온천물이 아주 그냥(어쩌고저쩌고)……."

C가 퇴근 후 집에 들어왔을 때 집 안에는 들뜬 어머니의 목소리가 울리고 있었다. 어머니의 과장된 말에 얼굴이 찌푸려지기도 했지만 이번 겨울 휴가를 부모님과 함께 보내길 잘했다는 생각이 들었다. 어머니의 통화 내용을 듣고 있으니 내심 뿌듯해지기도 했다. 난생 처음 부모님을 위해 계획한 여행이었고, 모든 비용은 C가 부담했다. 가족용 콘도에서 음식을 해먹고 온천을 즐기는 내내 부모님은 행복한 얼굴을 하고 있었다. 휴가를 다녀온 뒤 부모님께 헬스클럽 이용권도 끊어드렸다. 겨울이라 야외에서 운동하기가 힘들어졌기 때문이다. 처음으로 대형 헬스클럽에 다니게 된 부모님은 겨울 휴가에 이어 '딸 자랑 통화'를 또 하셨다.

C의 풀코스 선물에 든 비용은 '0원'이다. 모두 사원증을 이용한 덕이다. C는 회사 직원들만 누릴 수 있는 혜택을 꼼꼼히 챙기는 사원 중 한 명이다. 겨울 휴가는 회사 연수원을 빌려서 간 것이었고, 헬스클럽은 직원 복지용으로 나온 혜택이었다.

C에겐 사원증도 할인 카드인 셈이었다. C의 회사에는 여러 직원 복지용 혜택이 있었다. C는 매의 눈으로 회사가 주는 혜택을 놓치지 않았다.

반도체 대기업인 C의 회사에서는 간혹 타 계열사가 제조한 TV, 냉장고, 노트북, 휴대폰 등을 저렴한 가격에 판매하는 행사도 벌인다. C는 집에 있는 가전제품 대부분을 이곳에서 구입했다. 전시용 상품이란 이유로 반값에 산 제품도 있다.

"내가 이 직장에서 열심히 일하고 있는 만큼 혜택도 챙겨야지. 사내 홈페이지에서 어떤 혜택들이 있는지 찾아봐. 가끔 사원증이 체크카드보다 더 많은 혜택을 주기도 해. 할인 정도가 아니라 거의 '공짜 카드'지."

20대는 맨얼굴도 빛나는 나이……는 무슨, 화장을 해야 빛이 나지!

"스펙 쌓기부터 취업, 직장생활까지 줄줄이 압박인데 맨얼굴이 빛나는 20대가 어디 있냐? 얼굴이 빛나려면 선크림, CC크림, 파운데이션, 하이라이터, 음영 새도 정도는 있어야지."

대학교 입학 후 한창 들떴던 시절의 사진을 들여다보면 얼굴이 화끈거린다. 화장기 없는 밋밋한 얼굴에 유행 지난 머리. 이런 게 바로 '흑역사'라는 생각이 든다.

얼굴에 꽃이 핀다는 대학교 3~4학년 때도 얼굴 사정은 그다지 좋지 않다. 쉴 새 없이 돌아오는 중간고사와 기말고사에 토익, 한자 자격증 시험, 제2외국어 시험, 기업 인턴십 등 이른바 '스펙 쌓기'에 시달리는 이때야말로 다크서클이 깊게 그늘져 있는 시기이다. 대학을 졸업한다고 나아질 건 없다. 한 단계 건너뛰기가 150미터 허들뛰기만큼 힘든 기업들의 채용 절차가 눈앞에 펼쳐진다. 무사히 통과하면 또 다른 시련이 닥쳐온다.

비아냥거리기 대회가 있다면 국가대표로 내보내고 싶은 선배, 직원들을 본인 비서로 아는 상사, 뒤에서 호박씨를 까다 못해 아예 호박씨 장사에 나설 것 같은 동기, 이어폰을 꽂았는지 선배 말은 귓등으로도 안 듣는 후배. 별의별 인간들에게 치이고 나면 그나마 봐줄 만했던 피부에 성인 여드름이 올라온다. 대체 누가 20대는 맨얼굴도 빛나는 나이라고 했던 가! 하지만 C는 화장품이 있어서 빛났고, 좋은 옷을 입어서 예뻤다. 소비가 있었기에 더 빛이 났다는 말이다.

"취업이 늦어져서 사회가 짜놓은 커리큘럼을 잘 못 따라가는 20대들이 많잖아. 근데 묘하게 이런 20대들의 소비를 불편한 시선으로 바라보는 경향이 있어. 그런데 연애가 그렇듯 소비도 해왔던 사람이 잘하는 거야. 물론 과하면 문제가 되겠지만 나를 빛낼 수 있는 소비는 20대부터 훈련이 필요하다는 거지. 중요한 건 소비를 안 하는 게 아니라 스마트하게 하는 거야."

C는 스마트한 소비법으로 카드 설계를 계획했고, 여느 재테크 못지않은 효과를 보고 있다.

"온라인이나 모바일 접속 한 번으로도 할인 혜택을 얻을 수 있는 시대야. 가격은 판매자가 아닌 소비자가 정하고 있는 추세지. 이런 시기에 나 혼자 제값 주고 살 순 없잖아. 소비를 스마트하게 하는 방법은 다양해. 난 그중에 카드 설계를 선택한 것뿐이야. 지금부터 스마트한 소비자로 성장하기 위한 나만의 소비법을 한번 찾아봐."

카드 발급 전,
이것만은 반드시 알아라

1 체크카드와 신용카드, 지피지기면 백전백승

체크카드와 신용카드의 가장 큰 차이점은 사용 한도가 다르다는 거예요. 체크카드는 통장에 들어 있는 돈만큼만 사용할 수 있고, 신용카드는 카드 사에서 정해준 한도액만큼만 사용할 수 있어요. 다시 말해 체크카드는 통장 잔고가 없으면 사용할 수 없지만 신용카드는 통장 잔고와 무관하게 사용 가능해요. 또 체크카드는 이용 즉시 결제가 되지만 신용카드는 본인의 신용을 담보로 일정 기간 후에 대금을 지불할 수 있도록 유예시켜줍니다. 그렇기 때문에 씀씀이가 크고 소비 유혹에 약한 사람들은 신용카드보다 체크카드를 사용하는 것이 더 좋아요. 신용카드를 사용해야 할 때는 사용 가능액의 한도를 낮춰 놓고 쓰는 것도 하나의 방법이 되겠죠.

2 카드 할인 혜택 파악하기

카드의 할인 혜택은 무궁무진해요. 핵심 서비스인 쇼핑, 문화, 주유, 레저, 통신 등의 분야에서 카드마다 다른 할인 혜택이 포함돼 있어요. oo백화점 이용 시 10% 할인, oo영화관에서 영화표 30% 할인, oo통신사 요금 결제 시 20% 할인 등이 카드에 포함되어 있는 혜택이에요. 그러니 카드를 잘 선택하려면 먼저 C처럼 본인의 소비 성향을 잘 파악하는 것이 중요해요. 예를 들어 ○○백화점을 자주 이용한다면 해당 백화점 제휴카드를 선택하는 것이 좋겠죠. 또 카드 사용금액에 따라 쌓인 마일리지로도 여러 가지 혜택을 누릴 수 있어요. 마일리지를 현금처럼 쓸 수 있다거나 상품으로 교환해주는 등 카드사마다 마일리지 혜택은 다양해요.

카드를 발급받았다고 그 카드에 포함된 할인 혜택을 즉시 이용할 수 있는 건 아니에요. 카드별로 전월 사용 금액 등에 대한 조건을 충족해야 하죠. 예를 들면 해당 카드로 전월에 50만원 이상 사용해야만 혜택을 누릴 수 있는 식이에요. 그렇기 때문에 카드 발급 전 본인의 월 평균 지출액을 파악해야 해요. 할인 받은 금액만큼 사용 실적에서 제외하는 경우도 있으니 꼼꼼하게 살펴보세요.

3 신용카드를 이용할 때 주의해야 할 점

가장 주의해야 할 점은 본인이 감당할 수 있을 만큼만 사용하는 거예요. 앞서 얘기했듯 신용카드는 본인의 현재 통장 잔고와 무관하게 사용할 수 있기 때문에 불필요한 소비를 하게 되는 경우가 많아요. 그러니 스스로 소비를 절제할 줄 알아야 하고, 카드 대금을 정해진 날짜에 잘 낼 수 있도록 신경 써야 해요. 카드 대금이 연체되면 비싼 연체 이자를 물어야 하고 신용 등급에 영향을 주기도 하니 조심해야겠죠.

또 할부 서비스를 이용할 경우 기간별로 할부 수수료를 내야 해요. 카드별로 수수료 체계를 파악한 후 사정에 맞게 결제 기간을 정하는 것이 좋아요. 무이자 할부 서비스 등도 확인해두면 좋겠죠.

신용은 물건을 사고 서비스를 받은 대가를 치를 수 있는 능력을 말해요. 신용평가사는 개인의 금융 거래 기록을 바탕으로 신용을 평가하죠. 신용도를 알아보기 쉽게 등급으로 나눈 것이 바로 '신용등급'이에요. 신용등급은 1~10등급으로 나뉘고 숫자가 낮을수록 신용도가 높은 것입니다. 금융기관은 개인의 신용등급을 검토한 후 신용카드를 발급하거나 대출 가능 여부를 결정합니다.

신용등급을 잘 관리하려면 금융 거래 기록에 신경 써야 해요. 연체가 발생하지 않도록 조심하는 것이 가장 중요해요. 연체 금액을 한꺼번에 갚는다고 해서 신용등급이 높아지지는 않아요. 본인의 능력에 맞는 소비생활을 하는 것이 신용등급 관리의 첫걸음입니다.

C와 같이 주거래 금융사를 정하고 꾸준히 거래하는 것도 신용등급을 높일 수 있는 방법이에요. 금융사는 자사와 금융 거래가 잦은 고객에게 더 높은 신용등급을 부여하기 때문이죠.

본인의 신용등급을 주기적으로 확인해보세요. 마이크레딧http://www.mycredit.co.kr, 올크레딧http://www.allcredit.co.kr 등 신용정보사 홈페이지를 통해여 3회 무료로 본인의 신용등급을 확인할 수 있어요.

결혼정보회사 〈좋은만남 선우〉 이웅진 대표

1만원 들고 사업에 뛰어든 25세 청년, 연매출 100억 회사 대표로
"꿈꾸는 20대여, 아이디어에 재테크해라!"

점퍼 차림의 25세 청년이 가슴에 손을 얹고 깊은 숨을 들이마셨다 내뱉었다. 한동안 심호흡하던 청년은 '띵동 띵동' 지하철 도착음이 울리자 입을 굳게 다물었다. 지하철이 눈앞에 멈춰 서자 사람들은 자리에 못 앉을까 봐 서둘러 발걸음을 재촉했다. 바쁘게 움직이는 모습을 지켜보고 있던 청년이 지하철 통로 한가운데에 섰다. 하나둘 사람들의 시선이 모일 무렵 입을 열었다. 청년의 큰 목소리에서 중간 중간 느껴지는 떨림은 이목을 더욱 집중시켰다.

"한국의 결혼 문화를 바꿀 청년 이웅진입니다. 결혼 안 한 분이 계시다면 저에게 맡겨주십시오!"

청년이 이 한마디를 던지고 난 뒤 주위 눈치를 보던 몇몇 사람들이 다음 정거장에서 청년을 따라 내렸다.

국내 첫 결혼정보회사 '좋은만남 선우(이하 '선우')'의 이웅진 대표는 그렇게 첫걸음을 내딛었다. 22년 뒤 선우는 회원수가 10만 명에 달하는 회사로 성장했고, 이 청년은 연매출 100억원을 올리는 성공한 CEO가 됐다.

아이디어에 투자해라

이 대표는 고등학교를 다닐 형편이 안 돼 검정고시를 봤다. 대학에 진학하자마자 사업을 꿈꾼 것도 어려운 집안 형편 때문이었다. 등록금 내기도 버거운 20대 청년이 가진 것은 아이디어뿐이었다. 아이디어 하나로 사업에 뛰어든 것도 대학을 졸업하기 전이었다.

22세였던 그가 처음 손을 댄 사업은 당시만 해도 생소했던 도서대여점이었다. 책이 비싸 사지 못하는 사람들이 많은 것을 보고 책을 빌려주는 사업을 시작했다. 서울·경기권에 신문처럼 책을 배달해 주는 이동식 도서대여점은 반응이 좋았다. 1년 만에 회원수가 3천명으로 늘고 직원도 50명으로 규모가 커졌다.

그런데 욕심을 부렸던 탓일까. 잘나가던 사업은 이 대표의 무리한 확장에 부도를 맞았다. 빚만 3,000만원을 떠안은 그는 밤낮으로 아르바이트를 뛰었다. 6개월 만에 빚을 갚았지만 그의 주머니 속에 남은 돈은 1만원이 전부였다. 상황은 처음과 똑같았다. 그는 의심의 여지없이 1만원을 다시 아이디어에 투자했다.

도서대여점을 하던 시절 이 대표는 회원들이 참여할 수 있는 행사를 자주 열었다. 회원들이 모여 등산을 하거나 파티를 했는데 그때 만난 몇

몇 남녀 회원들이 결혼에 골인하기도 했다. '이거다' 싶었던 이 대표는 짝 없는 남녀들에게 건전한 만남을 주선하는 사업을 구상했다. 학원 선생님이었던 지인에게 부탁해 무료로 강의실 한 곳과 전화기 한 대를 빌렸다. 주머니 속에 있던 전 재산 1만원은 고물상에서 책상을 구입하는 데 사용했다. 사무실을 마련한 25세의 이 대표는 한동안 지하철과 버스를 오가며 "결혼시켜주겠다"고 외쳤다. 국내 첫 결혼정보회사 선우는 그렇게 시작됐다.

농촌 총각들을 위한 결혼상담소나 불법 폰팅이 성행했던 당시 결혼 관련 사업을 바라보는 시선은 곱지 않았다. 하지만 결혼 사업을 양지로 끌어내자 회원들이 몰려들었다. 조건에 맞는, 이상형에 가까운 짝을 찾아준다는 소리에 혹하지 않을 솔로가 어디 있을까. 20대 청년의 아이디어는 말 그대로 '대박'이었다. 1만원짜리 한 장으로 출발한 첫 달에 회원 100명을 모았다. 결혼시켜달라는 사람들의 발길이 이어지며 회원수는 10만 명으로 증가했다. 뿐만 아니라 미국, 중국 등 해외에도 회원이 생겼다.

남의 돈 무서운 줄 알아라

"20대의 아이디어 재테크에는 더 큰 노력이 필요했죠. 가진 게 없으니까요. 사업 또는 재테크를 하면서 남의 돈을 빌리고 싶은 유혹과 자주 마주하게 돼요. 힘들어도 내가 번 돈으로 투자해야지 남의 돈을 빌렸다간 결국 큰코 다쳐요. 그때 내가 주저앉았던 이유도 그것 때문이었죠."

2012년 7월, 달려오기만 했던 이 대표가 넘어졌다. 그의 발을 건 것은 은행 빚이었다. 선우의 회원수가 급격히 늘어나면서 커플 매니저에게도 한계가 닥쳤다. 커플 매니저가 한 달 주선해 줄 수 있는 커플은 최대 600쌍 정도였다. 100여 명의 커플 매니저가 주선에만 집중해도 10만 회원들에게 만족할만한 짝을 찾아주기가 힘들었다. 사업이 위기에 봉착하자 이 대표는 커플 매니저의 업무를 줄일 수 있는 시스템 개발에 투자를 시작했다. 원하는 짝을 온라인에서 빠르게 찾을 수 있도록 외모, 직업, 소득 수준 등 프로필을 정보·기술화하는 작업이었다. 1998년부터 2012년까지 이 시스템 개발에 총 150억원을 투자했다. 여태까지 번 돈 110억원과 은행권에서 빌린 40억원을 쏟아 부었다. 시스템 개발에는 성공했지만 은행 빚 40억원이 발목을 잡았다. 이 대표는 결국 법원에 회사를 살려달라고 법정관리를 신청했다.

그는 빚을 갚아나가기 위해 지난 7년 동안 커플 매니저 100명 중 80여 명을 내보내고 30여 명 규모였던 관리 직원을 한 자릿수로 줄였다. 뼈를 깎는 구조조정을 단행해 10개월 만에 법정관리에서 벗어났다. 예상과 달리 법정관리 이후 오히려 회원수는 증가했다. 회원이 많아지니 실적은 더 좋아졌다.

"아이디어 하나 믿고 재테크를 하면서 부도, 법정관리 등 많은 시련이 있었죠. 물론 안 되는 것은 포기할 줄도 알아야 하지만 나를 믿고 회사를 이끌어갈 수 있는 신념이 필요해요."

이 대표는 25세의 청년 이 대표가 그랬듯 여전히 아이디어에 재테크
하고 있다. 노인들을 위한 미팅, 장애인을 위한 서비스 등을 진행하며 결
혼정보업계에 새로운 길을 내고 있다.

100억 청년갑부의 주식 투자 '시크릿 노트'

아래의 □ 중 해당되는 항목에 체크하세요.
체크된 항목이 하나라도 있다면 LESSON 7을 꼼꼼히 읽어보세요.

□ 적금 외에는 재테크를 해본 적이 없다

□ 주식은 위험한 재테크 수단이라고 생각한다

□ 주식 투자를 해보고 싶은 마음이 있다

□ 코스피 지수가 무엇을 뜻하는지 모른다

이름 P	**나이** 30세	**성별** 남
결혼 여부 기혼	**직업** 공무원 3년 차	
연봉 3,300만원		
현재 자산 2,600만원		

고등학교 찌질이 짝꿍, 100억 청년갑부로 컴백

"쟤가 나 좋아하는 거 같아."

P의 시선이 단짝 친구인 '한입만'의 손끝을 향했다. 한입만이 가리킨 사람은 당시 최고의 인기를 끌었던 걸그룹 핑클의 멤버 성유리를 닮은 2학년 퀸카였다.

P 참나, 말이 나왔으니 너한테만 알려줄게. 쟤는 날 좋아해.

한입만 웃기고 있네. 어제 5교시쯤인가? 하고많은 사람 중에 나한테 와서 지우개 빌려가더라. 자리도 떨어져 있는데 굳이 나한테.

P 착각 좀 하지 마. 너한테는 빌리러 왔지? 나한테는 매점에서 산 꽈배기를 먹으라며 주고 가더라.

한입만 배불렀나 보지. 쟤 슬쩍슬쩍 나를 보는 게 느껴져. 지난번 체육시간에는 날 하도 빤히 쳐다봐서 민망할 정도였다니까.

P 네 얼굴이 얼마나 신기하게 생겼으면 그랬겠냐? 정신 차려, 인간아!

일주일 뒤 밸런타인데이. 2학년 퀸카의 초콜릿을 받은 사람은 P였다. 당연한 결과였다. P는 전 국민의 질투와 시기를 받고 있는 엄마 친구의 아들, '엄친아'였다. 그는 본인이 다니는 고등학교뿐 아니라 인근 여자 고등학교에서도 인기 있는 '송파구 5대 천황' 중 한 명이었다. 전교에서 열 손가

락 안에 꼽히는 모범생인데다 185cm의 큰 키에 서글서글한 외모로 여학생들의 눈길을 끌었다. 외모면 외모, 공부면 공부 빠지는 것이 없었지만 P가 유명한 이유는 따로 있었다.

등굣길, 학교 앞으로 검정색 차가 들어서면 여학생들의 눈이 일제히 차 뒷문에 쏠렸다. 차가 교문 인근에 자리를 잡으면 뒷문에서 한쪽 어깨에 가방을 멘 P가 나왔다. 기사가 딸린 세단을 타고 등교하는 P는 눈에 보이는 그대로 '있는 집 자식'이었다. 그는 중견기업을 운영하는 아버지 덕분에 남부러울 것 없는 부유한 학창시절을 보냈다. 당시 부의 척도를 가늠했던 한정판 마이클 조던 신발과 '나이스' 가방을 계절마다 바꾸며

학교 복도를 패션쇼장으로 만들기도 했다.

P의 단짝이자 옆자리 짝꿍인 '한입만'은 다른 방면으로 학교의 유명 인사였다. 그는 누가 뭘 먹는 모습만 보면 쪼르르 달려가 "한입만"을 외치곤 했다. 한입에 아이스크림의 절반, 빵 3분의 2, 컵라면 반 그릇을 해치워버리는 통에 친구들 사이에서 '매점 기피 대상 1호'로 꼽히기도 했다. 그가 교내에서 '한입만'으로 불리는 이유도 이 때문이었다. 여기에 기본 사흘씩 안 감는 머리, 냄새나는 양말, 꾀죄죄한 얼굴로 여학생들의 호감도는 바닥을 기었다. 집안 형편이 어려운 것은 아니었지만 부모님이 맞벌이를 해 딱히 한입만을 챙겨줄 사람이 없었다.

P와 한입만은 고등학교 1학년에 이어 2학년 때도 같은 반 짝꿍이 되면서 친해졌다. 둘은 방과 후에도 붙어 다니며 학교 앞 분식집, 편의점 등에서 저녁 식사를 해결했다. P에게 한입만과 함께하는 하굣길은 하루 중 가장 즐거운 시간이었다. 서로 농담을 던지며 저녁 식사를 하는 것도 좋았지만 여학생들의 시선을 한 몸에 받는 것이 특히 더 즐거웠다. 한입만에게는 미안하지만 둘이 같이 있어 P의 외모가 더 눈에 띄는 것 같았다.

하루 12시간 이상을 붙어 다녔던 P와 한입만은 고3 때 반이 달라지면서 자연스럽게 멀어졌다. 이후 한입만이 '인서울' 대학에 입학하려고 적성에도 맞지 않는 부동산학과에 들어갔다는 이야기를 마지막으로 그에 대한 소식은 뚝 끊겼다.

P가 한입만을 다시 만난 것은 그로부터 7년 뒤 고등학교 동창회에서

였다.

"너 정말 한입만 맞아? 이게 얼마만이야! 그동안 어떻게 지냈어?"

태연하게 인사를 건넸지만 한입만의 모습은 당황스러울 정도로 달라져 있었다. 그는 머리부터 발끝까지 명품으로 쫙 빼입고 등장했다. "한입만"을 외치던 하이톤의 방정맞은 목소리 대신 지하 3층을 뚫고 내려갈 만한 저음으로 인사를 건넸다. 꾀죄죄하던 얼굴빛도 환해졌다. 가장 놀라운 것은 함께 온 한입만의 여자친구였다. 고등학교 시절 매번 여학생들에게 차이고 다니던 그가 광고 모델로 활동하는 미모의 여성을 여자친구로 데려온 것이었다. 어느새 동창회의 주인공도 P에서 한입만으로 바뀌어 있었다.

한입만 진짜 오랜만이다. 넌 뭐하고 살았기에 이렇게 연락이 없었나?

P 나야 뭐 대학 졸업하고 공무원 됐지. 새벽에 출근하고 밤에 퇴근하고 일에 쫓기면서 살고 있지. 이렇게 만난 김에 연락이라도 하고 지내자.

한입만 그래. 우리 따로 만나서 술이나 한잔하자. 이건 내 명함.

한입만이 건넨 명함에는 '금융 부티크 사장'이란 단어가 새겨져 있었다. 한입만이 자리를 떠난 후 듣게 된 친구의 말에 의하면 그는 소수의 전문가들이 모여 고객의 주식 투자를 돕는 금융회사를 운영하고 있었다. 대학교 4학년 때 주식시장에 발을 담근 뒤 현재까지 100억원 넘게 벌어 청년갑부가 됐다고 했다.

　　P는 한입만에 대한 이야기를 듣고 복잡한 감정에 사로잡혔다. 돈을 많이 번 한입만이 부러운 동시에 샘이 났다. 고등학교 때 자신에게 저녁밥을 얻어먹던 친구가 100억원대 자산가가 되어 나타난 것이 아니꼽기도 했다.

'엄친아' P, 주식 앞에 무릎 꿇다

집으로 돌아온 뒤에도 자신만만한 한입만의 모습이 계속 머릿속에 떠올랐다. 시간이 흐르면서 시기와 부러움 등의 감정은 가라앉았지만 한입만을 생각하면 자꾸 스스로 창피해졌다. P는 마지막 20대를 보내고 있는 지금까지 부모님에게서 독립한 적이 없었다. 부모님이 정해준 대로 명문대 경영학과를 졸업한 후 공무원이 됐다. 안정적인 것이 최고라는 부모님의 지침에 따라 주식 투자 등 위험성이 있는 투자는 생각도 못해봤다. 공무원 봉급이 적었지만 생활에는 전혀 어려움이 없었다. 부모님이 강남 한복판에 있는 오피스텔, 출퇴근용 자가용 등을 마련해준 덕분이다. 본가로 들어갈 때면 용돈을 따로 챙겨주기도 했다. 부모님께 받기만 하며 자라 온 P에게 부모님에 대한 감사함 말고는 더 생각할 것이 없었지만 자수성가한 한입만을 만나고 나서는 창피한 감정을 느끼게 된 것이다.

P는 부모님으로부터 독립할 방법으로 '주식 투자'를 선택했다. 공무원 월급만으로는 독립할 엄두가 나지 않아 한입만처럼 주식 투자를 통해 자수성가하겠다는 목표를 세웠다. '인서울' 대학에 겨우 들어간 한입만도 100억원을 벌었으니 명문대를 졸업한 본인은 그 곱절은 더 벌 수 있을 거라고 생각했다.

결심한 다음 날 P는 회사 근처에 있는 증권사를 찾아갔다. 주식 투자를 위한 계정을 만들고 증권사 직원의 조언에 따라 컴퓨터에 HTSHome Trading System를 설치했다. HTS는 온라인에서 주식을 매매할 수 있는 시스템으로 증권사 매매창구 직원을 통해 거래하는 것보다 수수료가 저렴했다. 수시로 주가를 체크할 수 있도록 모바일 거래시스템인 MTSMobile Trading System도 깔았다.

P는 주식 투자를 위한 준비를 모두 마치고 컴퓨터 앞에 앉아 HTS 창을 열었다. 눈 깜짝할 사이에 바뀌는 숫자들과 수많은 종목들, 빨간불·파란불이 뒤엉켜 있는 창들을 보고 있자니 머리가 어지러웠다. 우선 주식 투자 입문서를 사서 주식시장의 기본적인 내용부터 공부했다.

국내 주식시장은 크게 유가증권시장과 코스닥시장, 코넥스시장으로 나뉜다. 유가증권시장은 대형 우량 기업들이, 코스닥시장은 중소기업들이 상장된 시장이다. 코넥스시장에서는 신생 중소벤처기업들이 주로 거래된다. 주식의 종류로는 주주의 권리 등을 우선순위에 따라 구분한 우선주, 보통주, 후배주가 있다. 급격한 시세 변동을 방지하기 위해 일일 주가의 변동 범위를 전일 종가 대비 상하 15%로 제한하고 있다.

헉, 그래서 뭘 어쩌라는 거지??

주식 투자 입문서를 샅샅이 뒤져봐도 어떤 종목에 투자해야 돈을 벌 수 있는지에 대한 내용은 없었다. 직접 부딪쳐야 빨리 배울 수 있겠다는 생각에 연습 삼아 주가가 1,000원 이

하인 이른바 '동전주'만 10만원어치 샀다. 오를 때 팔고 떨어질 때 사고를 반복한 결과, 두 달 만에 투자금의 두 배인 20만원을 벌었다. '이렇게 쉽게 돈을 벌어도 되나? 주식 투자도 별거 아니구나' 하는 자신감이 붙으면서 투자금도 늘렸다. 이번에는 월급의 절반인 130만원으로 본격적인 주식 투자에 나섰다.

제18대 대선이 있었던 2012년, 각종 대선 관련주가 고공행진을 하고 있었다. 그중에서도 눈에 띄는 주는 당시 서울대학교 융합과학기술대학원 원장으로 있었던 안철수 의원과 연관된 '안철수 테마주'였다. 안철수

테마주는 안 원장이 대선에 출마한다고 선언하기 전까지 말 그대로 껑충껑충 뛰었다. P는 안 원장이 대선 출마를 공식 발표하면 주가가 더 오를 것으로 예상하고 130만원으로 '미래산업' 주식을 샀다. 미래산업의 주가는 최대주주인 정문술 회장이 안 원장과 친분이 있는 것으로 알려지면서 이미 상승세를 탄 상태였다. 주가가 당연히 더 오를 것이란 P의 믿음은 한 달 만에 깨졌다.

미래산업의 정문술 회장이 보유주식 2254만주 전량을 처분했습니다. 이로써 미래산업의 최대주주는 지분율이 2.01%에 불과한 '우리사주조합'으로 변경됐습니다.

　　정 회장이 보유주식 전량을 팔았다는 뉴스가 나온 뒤 미래산업의 주가는 연일 급락했다. P가 투자한 130만원은 30만원이 되어 그의 손으로 되돌아왔다. 주식 투자를 시작한 지 세 달 만에 80만원을 잃은 셈이다. 처음 시작은 좋았는데 뭐가 잘못된 것일까? 주식 투자에 실패했다고 다시 부모님께 손을 벌리거나 조언을 구할 수는 없는 노릇이었다. 특히 부모님은 투자에 실패한 것보다 주식 투자를 했다는 사실에 더 크게 화를 내실 게 분명했다. 회사 동료들 중에도 주식 투자에 대해 조언해줄 수 있는 사람이 없었다. 주식 투자에 실패한 사람은 많아도 돈을 번 사람은 찾기 힘들었다.

'찌질이' 한입만, 램프의 요정이 되다

P는 투자 조언자를 찾는 내내 계속해서 한 사람이 떠올랐지만 애써 그 생각을 떨쳐냈다. 그러나 이제 남은 방법은 자존심을 굽히고 그 사람에게 전화를 거는 것뿐이었다. 몇 번이나 휴대폰을 들었다 놨다 반복하던 P는 한입만에게 전화를 걸었다.

한입만 어, P야. 안 그래도 너한테 전화하려고 했는데 내가 한발 늦었네.

P 그랬어? 잘됐네. 너 시간되면 이번 주에 술이나 한잔하자.

한입만 그래. 목요일 저녁 7시 너희 사무실 근처 술집 어때? 고등학교 때 내가 너한테 얼마나 많이 얻어먹었냐? 그 빚도 갚을 겸 그날은 내가 한턱 제대로 쏠게.

P 빚은 무슨. 그래 그날 보자.

P는 한입만을 만날 날을 손꼽아 기다리며 질문지까지 만들었다. 혹시나 잊어버릴까 질문지를 안주머니에 넣고 다니며 시간이 날 때마다 꺼내 읽었다. 드디어 한입만을 만나는 날, 한입만은 강남의 고급 바에 먼저 와 있었다. 서로 근황을 이야기하며 술 한 병을 비운 뒤 P는 어렵게 입을 뗐다.

P 사실 내가 요즘 주식 투자를 하고 있는데 생각보다 쉽지 않네. 큰돈을 굴릴 건 아닌데 일단 좀 제대로 배워야 할 것 같아.

한입만 네가 주식 투자를 뭐 하러 해? 넌 절대 하면 안 돼!

이야기가 본론으로 들어가기도 전 한입만의 단호한 반대에 P의 입도 굳게 닫혔다. 한입만이 주식 투자를 반대한 이유는 P에게 '절실함'이 부족했기 때문이다. 주식 투자는 '이것 아니면 안 된다'는 절실한 마음으로 해도 돈을 벌기 힘든데, P는 집안 형편이 부유하므로 그런 마음을 먹기가 힘들다는 것이었다. 이후 P는 수차례 한입만에게 전화를 걸어 자신의 절실함에 대해 얘기했다.

아무 말 없이 자리를 떴던 한입만은 며칠 뒤 먼저 전화를 걸어왔다. P에게 다시 한 번 만나자고 했다. 이번에도 한입만은 약속 장소에 먼저 나와 있었다. 그는 P가 자리에 앉자마자 노트를 한 권 내밀었다.

"여기에 내 주식 투자 방법이 다 들어 있어. 읽어보고 돌려줘."

한입만이 건넨 노트에는 그간 사고팔았던 종목과 현재 관심 있게 보고 있는 종목들이 적혀 있었다. 집에 들어가서 한입만이 가장 최근 매수한 비트코인 관련주를 샀다. 비트코인 관련주는 2주 만에 적게는 17%부터 많게는 96%까지 급등했다. P는 한입만의 노트에 적혀 있는 대로 이전의 고점을 넘어섰다 싶을 때 큰 욕심을 부리지 않고 주식을 모두 팔았다. 수익은 그대로 현금화해 적금 통장에 넣었다. 이렇게 한입만의 투자 원칙에 따라 1년간 주식 투자를 한 결과, 원금 200만원으로 약 1,600만원을 벌었다. 한입만이 공개한 주식 투자 원칙은 크게 네 가지였다.

수익률 5%의 법칙

주식 투자로 100억원을 번 한입만에게도 '흑역사'는 있었다. 원금 50만원으로 시작한 그는 빨리 많은 돈을 모아야 한다는 생각에 위험성이 높은 주식에 투자했다. '수익률이 높을수록 위험하다'는 재테크 공식이 주식 투자에도 적용됐기 때문이다. 첫 타깃은 정리매매 중인 '네이처글로벌' 주식이었다.

네이처글로벌은 주식 매매 대상의 자격을 상실해 상장이 취소된 상태였다. 한입만은 상장폐지가 결정된 후 투자자에게 마지막 매매의 기회를 주는 정리매매 기간에 주식을 사들인 것이다. 상장폐지가 결정돼 주가가 하락할 것 같지만 네이처글로벌 주가는 급등했다. 일부 투자자들이 주식을 대량으로 사들여 주가를 끌어올린 뒤 차익을 남기고 팔아버리는 이른바 '폭탄돌리기'가 진행되고 있는 것으로 보였다. 한입만은 여기에 동참해 원금의 3배를 벌었다. 자신감이 붙으면서 이번에도 정리매매 중인 '씨티앤티' 주식을 대량 매수했다. 그런데 이게 웬일인가. 씨티앤티의 주식은 최종 90%가량 급락했고, 그간 열심히 불려놓은 돈을 허공에 날렸다.

"초반에는 투자금이 적으니 높은 수익을 원하게 되더라고. 빨리 돈을 벌어야겠다는 생각에 수익만 쫓다가 투자금을 날렸어. 주식 투자를 하다 보니 버는 것보다 까먹지 않는 게 더 중요하더라. 장기적인 관점에서 보면 벌고 잃고를 반복하는 것보다 조금씩 벌어나가는 게 결국 더 큰돈을 불러와. 이젠 불확실한 50%보다 확실한 5%에 투자하고 있어."

한입만은 주식 투자를 친구와의 거래로 생각하기 시작했다. 내가 투자한 기업을 친구라고 가정하니 수익에 대한 욕심이 사라졌다. 친구에게 돈을 빌려줄 때 친구를 이용해 돈 벌 계획을 세우는 사람은 많지 않다. 친구와의 돈 거래에서 우선적으로 고려하는 건 돈을 더 받는 것이 아니라 원금을 돌려받는 것이다. 주식 투자도 돈을 불리는 것보다 손해를 보지 않는 것이 더 중요하다는 얘기였다. 이후 한입만은 자신의 목표 수익률을 5%로 잡고 우량기업에만 투자했다. 우량기업은 재무구조가 탄탄하고 주가 변동이 크지 않아 돈을 불리긴 힘들어도 손실을 낼 가능성은 적었다.

"너도 아무 친구에게나 돈을 빌려주진 않잖아. '인생 한 방'을 외치며 제대로 돈 벌 생각 못하는 친구에게는 돈을 빌려주기 힘들지. 못 받을 게 뻔하니까. 나한테 우량기업은 적어도 원금은 갚을 능력이 있는, 신뢰가 가는 친구나 마찬가지야."

잠들기 1시간 전 주식 일기를 써라

오늘 코스피 지수는 금융 투자의 대규모 매수세에 힘입어 2040대에 올라섰다. 거래일 기준으로 닷새 연속 상승세다. 이달 한국 경상수지가 사상 최대 규모의 흑자를 달성한 것이 투자 심리 개선을 이끈 것으로 보인다. 미국 증시가 연일 최고치를 경신하는 것도 호재로 작용했다.

한입만은 잠들기 1시간 전 이처럼 그날 주식시장의 흐름을 정리해 일기로 남겼다. 그가 일기에 써넣는 것은 코스피 지수와 코스닥 지수의 마감가, 코스피 지수의 흐름과 변동 이유, 매매 주체인 외국인과 기관 그리고 개인의 동향, 국내 주식시장에 큰 영향을 미치는 외국인의 매수 및 매도 종목, 그날의 특징주 등이었다. 이 내용들은 모두 컴퓨터에 설치한 HTS에서 찾아볼 수 있었다.

매일 손으로 시황을 기록하다 보니 전반적인 주가의 흐름이 머릿속에 그려졌다. 일기 작성이 익숙해진 후에는 내일 장에 대해서도 전망할 수 있게 되었다. 주가는 각 기업의 실적이나 글로벌 경제 이슈 등에 따라서도 방향을 예측할 수 있지만 '얼마나 떨어지면 이때부터는 오르더라' 등의 기술적인 분석도 가능하기 때문이다.

아는 게 많을수록 많이 번다

P가 동창회에서 한입만을 보고 놀란 것은 그가 두른 명품들과 미모의 여자친구뿐만이 아니었다. 대선 후보 캠프에서 일하는 친구, 대기업에 다니는 친구, 갤러리에서 근무하는 친구 등 다양한 직종에 몸담은 친구들과 이야기하면서도 막힘이 없었다. 기상청에서 일하는 친구에게는 "올해 중국발 미세먼지 농도는 어느 정도로 예상하냐?", "이번 한·중 기상청 협력회의의 안건은 무엇이었냐?" 등 관련 기관에 종사하지 않으면 묻기 어려운 내용을 질문하기도 했다.

한입만이 여러 분야의 지식을 습득하게 된 것은 주식 투자 덕분이었다. 관심 있는 주식과 관련된 기사, 책 등을 챙겨 보면서 자연스럽게 지식이 쌓이게 됐다. 또 금융감독원이 운영하는 전자공시시스템 'DART http://dart.fss.or.kr'에 주기적으로 들어가서 관심 있는 기업의 재무 상황과 주요 이슈들을 파악했다. 그가 기상청에 다니는 친구에게 구체적인 질문을 할 수 있었던 이유도 황사 시즌을 앞두고 공기청정기 관련주를 공부하고 있었기 때문이다.

"책을 통해 기본적인 주식시장 이야기나 종목에 대해 알아본 뒤 매일 신문을 보며 이슈를 업데이트해. 대선이 있을 때는 대선 후보 관련주가, 우리나라 첫 우주발사체인 나로호 발사를 앞두고는 발사체 개발에 참여한 우주항공 관련주가 들썩였지. 신문에서 사회 이슈를 발 빠르게 파악해야 하는 이유야. 이후 투자 종목 리스트가 만들어지면 DART에 들어가서 해당 기업들의 평판 조사를 해. 상장 기업들은 이 전자공시시스템을 통해 주요 사업 내용과 재무 상황, 실적 등의 정보를 제공하고 있거든."

귀머거리 3년, 시집살이보다 혹독한 주식살이

"이 종목을 이번에 우리 회장이 엄청 샀더라. 이거 분명 뭔가 있어."

2년 전 증권사 회장 비서실에서 근무하던 한입만의 대학 동창이 그에게 한 종목을 추천했다. 본인이 모시고 있는 증권사 회장이 해당 종목의 주식을 대량 매수했다고 그 친구는 귀띔했다. 친한 친구에게만 알려줬다

는 달콤한 속삭임에 홀려 한입만은 해당 주식을 8,000만원어치나 샀다. 하지만 그 종목은 세 달 만에 상장폐지됐고, 한입만은 6,000만원을 잃었다.

이 일을 계기로 그는 자신의 매매 원칙에 '귀머거리가 되자'를 추가했다. 주식 관련 온라인 카페나 블로그에서는 매일 다양한 소문과 정보가 쏟아져 나왔고, 주식 좀 한다는 지인들이 던지는 말은 가시 돋친 장미처럼 한입만을 유혹했다. 그러나 거르지 않은 정보는 독이나 마찬가지였다. 정보의 홍수 속에 허우적대던 그가 귀를 닫고 본인이 확신하는 종목만 선택하기로 한 것이다.

마음이 불안할 때 다른 사람의 말에 쉽게 현혹된다는 사실을 알게 된 후 클래식 음악을 듣는 취미도 생겼다. 한입만의 차 안과 집 서재에는 모차르트, 라흐마니노프, 멘델스존, 차이코프스키의 작품 등 다양한 클래식 음반이 진열돼 있다. 주가 흐름에 일희일비하지 않도록 마음을 가라앉히는 용도로 클래식 음악을 듣기 시작한 것이다.

주식 투자 성공 법칙＝운 30%＋노력 70%

P는 노트를 건네주기 위해 한입만을 다시 만났다. 한입만은 P 앞에 보자기로 싸여 있는 노트 더미를 쿵 소리 나게 올려놓았다.

P 이것들은 다 뭐야?

한입만 내가 그간 세운 투자 원칙들. 너한테 빌려준 노트는 가장 최근 업데이트된 '버전 10 투자 원칙'이야.

P 너도 참 대단하다. 운이 따른 줄 알았는데 노력도 많이 했구나.

한입만 주위에 보면 많은 사람들이 주식 투자 성공은 운이 90% 이상 작용한다고 생각하더라. 실제로 그런 사례도 있겠지만 난 운 30%와 노력 70%로 100억원을 벌었어. 내가 이 무거운 걸 들고 나온 이유도 그걸 알려주기 위해서야. 돈 벌기 위해 운보다는 노력이 더 많이 필요하다는 사실 말이야.

술잔을 꺾으며 그간의 실패담을 늘어놓던 한입만은 한마디를 덧붙이고 자리에서 일어났다.

"주식 투자로 돈맛을 본 사람은 적금 같은 다른 안전한 재테크를 기피하는 경향이 있어. 주식 투자를 통해 하루 만에도 큰돈을 벌 수 있으니 금리가 낮은 적금은 눈에 차지도 않는 거지. 주식의 중독성에 빠져 운이 따라주기만을 바란다면 그건 투자가 아니라 투기야. 스스로 투자 원칙을 세운 뒤 주식 공부를 하지 않을 거면 차라리 투자하지 않는 게 돈을 버는 길이야."

주식에 도전하기 전
이것만은 반드시 알자

1 코스피와 코스닥의 차이는 무엇인가요?

'코스피 KOSPI~Korea Composite Stock Price Index~'는 종합주가지수입니다. 유가증권시장에 상장된 종목들의 주가를 종합해 표시한 수치이며, 전체적인 시장의 주가 흐름을 측정하는 지표죠. 코스피 지수는 1980년 1월 4일 우리나라 주식시장에 상장된 주식의 시가 총액을 100으로 설정해 산출해요. 여기서 시가 총액은 상장 주식을 시가로 평가한 금액을 말해요. 종목별로는 그날 종가와 상장주식 수를 곱해서 계산하죠.

'코스피 200'이란 것도 있어요. 우리나라를 대표하는 주식 200개 종목의 시가 총액을 지수화한 것이죠. 전체 종목을 제조, 건설, 전기가스, 유통, 통신 등 9개 업종으로 분류해 시가 총액과 거래량 비중이 높은 종목들로 선정해요.

'코스닥 KOSDAQ~Korea Securities Dealers Automated Quotation~' 시장은 미국의 중소·벤처기업 중심의 증권시장인 나스닥을 본떠 만들었어요. 유가증권시장 상장 요건에 미달하는 중소기업들이 상장돼 있죠. 코스닥 지수는 코스닥 시장에 상장된 종목들의 주가를 종합한 수치입니다.

2 주식의 종류에는 어떤 것들이 있나요?

주식의 종류는 주주의 권리 등에 따라 크게 '보통주', '우선주', '후배주'로 구분돼요. 일반적으로 주식은 보통주를 말합니다. 보통주는 이익 배당 시 특별한 우선권이 없는 반면 우선주는 이익 배당, 잔여 재산 분배 등에 있어서 우선적인 지위를 갖는 주식이에요. 후배주는 이익 배당 또는 잔여 재산 분배 등의 참가가 보통주보다 후순위인 주식이죠.

3 주식 투자 방법에는 어떤 것들이 있나요?

주식 투자 방법은 뚜렷하게 구분하긴 힘들지만 '가치 투자'와 '기술적 분석' 두 가지로 나눠볼 수 있어요. 먼저 가치 투자는 '투자의 귀재'로 불리는 워런 버핏Warren Buffett의 투자 방식으로, 저평가되어 있는 주식을 찾아 투자하는 방법이에요. 기업의 경영 활동과 실적 등 재무 구조를 분석해 향후 가치가 오를 것으로 예상되는 주식을 발굴하는 거죠. 기술적 분석은 주가의 흐름을 파악해서 매매하는 방법입니다. '봉차트', '이동평균선', '주가수익비율', '주가순자산비율' 등을 통해 현 주가 수준을 파악하고 매매 전략을 짤 수 있죠.

봉차트 일정 기간 동안의 주가의 변동을 막대그래프로 작성한 것

이동평균선 주식시장에서의 거래액. 매매대금, 주가 등의 현상을 나타내는 지표의 하나로 일정기간 동안의 주가를 산술 평균한 값인 주가이동평균을 차례로 연결해 만든 선

주가수익비율PER, Price Earning Ratio 주가가 그 회사 1주당 수익의 몇 배가 되는가를 나

타내는 지표로, 주가를 '주당순이익'으로 나눈 것. 예를 들어 어떤 기업의 주식 가격이 1만원이고 1주당 수익이 1천원이라면 PER은 10이 된다.

주당순이익EPS, Earning Per Share 기업이 벌어들인 순이익(당기순이익)을 그 기업이 발행한 총 주식 수로 나눈 값

당기순이익 기업이 일정 기간 경영 활동을 하여 얻은 최종 이익으로, 수익에서 지출을 뺀 순이익

주가순자산비율PBR, Price Bookvalue Ratio 주가를 1주당 순자산(장부 가격에 의한 주주 소유분)으로 나눈 것으로 주가가 1주당 순자산의 몇 배로 매매되고 있는가를 표시하며 PER과 같이 주가의 상대적 수준을 나타낸다.

4 주가 흐름에 영향을 주는 변수로는 어떤 것들이 있나요?

주가 흐름에 영향을 주는 변수는 굉장히 많아요. 대략적으로 살펴보면 금리, 환율, 글로벌 경제지표 등을 꼽을 수 있죠. 금리와 주가는 반대로 움직이는 경향이 있습니다. 금리가 떨어지면 은행에 있던 돈이 주식시장으로 유입되고, 자금 조달 비용 감소로 기업의 수익성이 좋아지죠. 원·달러 환율을 기준으로 볼 때 환율은 주가와 같은 방향으로 움직입니다. 환율이 상승하면 원화 가치가 떨어져 수출기업들이 가격 경쟁력을 가질 수 있어요. 특히 수출 비중이 높은 자동차, 전기전자 업종은 증시를 이끄는 시가 총액 상위 종목들로 구성돼 있죠. 마지막으로 미국, 유럽, 중국 등 글로벌 경제지표의 호조는 우리나라 경기도 좋아질 것이란 기대감과 투자 심리 개선 등을 이끌어요. 덕분에 주가에 긍정적인 영향을 미치죠.

5 투자와 투기는 어떻게 구분할 수 있나요?

워런 버핏의 스승으로 유명한 벤저민 그레이엄Benjamin Graham은 투자란 원금의 안정성과 적당한 수익성을 분석한 뒤 주식 등을 사는 행위라고 정의했어요. 반면 투기는 분석 없이 주식 등을 매입하는 행위라고 말했죠. 그레이엄의 말처럼 투자는 정보를 수집 및 분석해서 매입 대상을 결정하지만 투기는 막연한 기대로 불확실성이 높은 수익을 추구하죠.

재테크 성공 여부는 '세테크'에 달렸다

아래의 □ 중 해당되는 항목에 체크하세요.
체크된 항목이 하나라도 있다면 LESSON 8을 꼼꼼히 읽어보세요.

□ 세테크라는 단어를 처음 들어본다

□ 거래하는 통장에서 어떤 세금이 빠져나가는지 모른다

□ 비과세 · 세금우대 상품이 어떻게 다른지 모른다

□ 기대했던 것보다 연말정산 환급액이 적다

이름 D	**나이** 30세	**성별** 남
결혼 여부 미혼	**직업** 식품회사 3년 차	
연봉 2,300만원		
현재 자산 2,200만원대 자동차 한 대와 1,000만원		

남자가 한을 품으면 돈을 불러온다

'까톡, 까톡, 까톡, 까톡'

퇴근 시간 30분 전, 고요한 사무실에 모바일 메신저 수신음이 울려 퍼졌다. 숨을 죽이고 시곗바늘만 바라보던 사무실 사람들의 눈길이 D의 휴대폰으로 쏠렸다. D는 황급히 휴대폰을 주머니에 넣고 사무실 밖으로 나왔다.

'퇴근하고 쌍대포에서 한잔하자.'

'나 오늘 빠질래. 어제 우리 부서 해 뜰 때까지 회식한 얘기 못 들었냐?'

'이 배신자 X끼, 오늘은 형님이 쏘니까 잔말 말고 다들 나와.'

'알았다, 알았어. 대신 졸X 비싼 거 먹을 거야. D, 이 자식은 왜 답이 없어?'

무르팍과 송 부장에게서 온 메시지였다. 무르팍이 송 부장과 D에게 같이 술을 마셔달라고 조르고 있는, 아니 협박하고 있는 상황이었다. 무르팍과 송 부장은 D의 입사 동기들이다. 입사 동기들은 모두 10명이지만 D는 무르팍, 송 부장과 특별히 더 친하다. 1984년생, 지방 출신, 장기간의 솔로 생활 등 공통점이 많은 셋은 첫 만남에서부터 급속도로 친해졌다. 셋의 인연은 신입사원 오리엔테이션에서 시작됐다.

"야, 너 정말 84년생 맞아? 얼굴만 보면 신입사원이 아니라 부장급이야."

송 부장의 자기소개가 끝난 뒤 이어진 마케팅부 선배의 기습 공격에 이곳저곳에서 웃음소리가 새어 나왔다. 남들보다 큰 얼굴에 눈가 주름, 빈약한 머리숱. 누가 봐도 송 부장은 20대의 외모는 아니었다. 동기인데도 묘하게 불편한 느낌이 드는 이유도 이 때문이었다. 그때부터 그는 회사에서 이름 대신 '송 부장'으로 불리기 시작했다. 송 부장 덕분에 분위기가 화기애애해지자 술잔이 돌아가는 속도도 빨라졌다.

시간이 흐르면서 취기가 점점 올라왔다. '취해서 잘못 본 건가?' 185cm의 훤칠한 키에 준수한 외모를 가진 동기가 D의 앞에서 큰절을 하고 있었다. D가 동기를 말리려고 일어선 순간 그는 고개를 돌려 옆 사람에게 다시 큰절을 했다. 그렇게 그 동기는 오리엔테이션 자리에 모인 30여 명에게 모두 절을 했고, 다음 날 잠에서 깬 뒤 무릎 통증을 호소했다. '무르팍'의 이야기이다. 오리엔테이션 이후 D는 마케팅부로, 무르팍은 영업부로, 송 부장은 홍보부로 배치됐다.

오후 6시 40분, 부장의 눈치를 보던 D가 퇴근하는 사무실 직원들 무

리에 슬그머니 합류했다. 회사 인근에 있는 허름한 쌍대포집으로 달려가
보니 무르팍과 송 부장은 이미 소주 한 병을 비운 상태였다. 무르팍과 송
부장은 달려온 D를 곁눈질로 슬쩍 본 후 새 잔에 소주를 부었다. 불판
위에 있는 돼지 목살과 껍데기는 거뭇하게 타고 있었다.

D 오늘 무슨 일 있어? 안주도 안 먹고 왜 이렇게 빨리 달려?

송 부장 무르팍 이 자식, 그 소개팅녀한테 차였단다.

D 잘 만나는 것 같더니 왜?

무르팍 내가 된장녀 많이 겪어봤지만 그렇게 당당한 된장녀는 또 처음 본다. 예쁜 여
자들은 다 그런 거냐?

사건의 전말은 이랬다. 무르팍은 최근 직장 선배의 주선으로 소개팅
을 했다. 별다른 기대 없이 나갔지만 큰 눈에 하얀 피부, 날씬한 몸매의
소개팅녀 외모에 반해 애프터를 신청했다. 두 번째 만남은 여자들이 좋
아한다는 정자동 카페 거리에서 갖기로 했다. 무르팍은 이번에야말로 3
년 솔로 생활에서 탈출할 수 있겠다는 생각에 옷 쇼핑까지 했다. 드디어
기대하고 고대하던 주말이 찾아왔다. 분위기는 생각했던 대로 흘러갔다.
둘은 파스타와 피자를 먹으며 즐겁게 이야기를 나눈 뒤 카페 거리를 거
닐었다. 무르팍이 막 던지는 개그마다 웃음으로 답해주는 것으로 미뤄볼
때 소개팅녀도 무르팍에게 호감이 있는 것처럼 보였다. 사건은 헤어질
무렵에 일어났다. 지하철역으로 가는 내내 말이 없던 소개팅녀가 지하철
역 입구에 다다르자 입을 열었다.

소개팅녀 오빠, 오늘 차 안 가지고 오셨어

요?

무르팍 네? 저 차 없어요.

소개팅녀 네? 저 여기까지 오는

데 1시간 반이나 걸렸어요. 지금

지하철 타면 사람도 많을 텐데.

휴우…… 저 먼저 갈게요.

소개팅녀는 지하철역 입구로 휙 몸

을 돌렸다. 그 뒤로 소개팅녀와의 연락이 끊겼다. '잘 지내시죠?'란 무르

팍의 카톡창에는 일주일째 숫자 '1'도 사라지지 않았다.

무르팍 이 정도 생겼으면 차는 없어도 되는 거 아니야?

D 미친X. 근데 요즘 여자애들 진짜 무섭다. 차 없다고 안 만나? 정말?

송 부장 너네 몰라도 너무 모른다. 무르팍 소개팅녀는 오래 참은 거야. 원래 소개팅

당일에 차로 집까지 데려다주는 게 에티켓인 거 모르냐? 그래서 난 소개팅도 못하잖아.

세 남자, 차 사기로 결심하다

된장녀를 안주 삼아 씹다 보니 테이블 위에 술병이 점차 쌓여갔다. 술기운

이 돌자 셋의 입에선 '외로워'란 소리가 한숨처럼 나왔다. 백수 시절엔 취

업만 하면 여자친구를 만날 수 있을 줄 알았는데 막상 회사에 들어와도 난관은 여전했다. 또래 여자친구들은 남자들보다 먼저 사회생활을 시작하면서 눈이 높아져 있었다. 대학 때와 사회에 나와서 접하는 것이 다르다 보니 남자들에게 바라는 것도 많아졌다.

누가 처음 이야기를 꺼냈는지는 잘 기억이 나지 않지만 셋은 솔로 탈출의 첫 단계로 '자동차 장만'을 결심했다. 이제 막 사회생활을 시작했으니 월급의 절반씩을 떼어 적금을 붓기로 했다. 세 남자의 생애 첫 재테크가 이 술자리에서 시작되었다.

다음 날 세 남자의 솔로 탈출기가 막을 올렸다. 세 사람은 본인에게 맞는 적금 상품을 찾기 위해 각기 다른 방식을 택했다. D는 높은 금리의 상품이 많다는 회사 근처 은행을 찾았다. 은행 직원은 사회초년생에게 혜택을 주는 세금우대 저축을 추천했다. 금리도 4%로 비교적 괜찮은 상품이었다. 송 부장은 뭐든 귀찮아하는 성격 그대로 집 앞 은행에 있는 정기적금 중 가장 금리가 높은 상품에 가입했다. 좋은 상품 찾기에 가장 공을 들인 것은 무르팍이었다. 재테크로 돈 좀 모았다는 선배들은 물론 금융기관에 다니는 친구의 친구에게까지 물어 추천 상품 리스트를 만들었다. 수익률을 따져본 뒤 농협, 신협, 새마을금고 등 상호금융기관에서 내놓은 적금 상품에 가입했다. 세 사람은 각자 쉐보레 크루즈, 폭스바겐 골프, 벤츠 A클래스 구입을 목표로 이를 악물고 돈을 모았다.

1년 후 셋은 통장을 가지고 쌍대포집에 다시 모였다. 1년간 성실하게 적금한 것을 축하하기 위한 자리였다. 술을 한두 잔 걸친 뒤 무르팍이 먼저 통장을 공개했다. 뒤이어 D와 송 부장도 뿌듯한 마음으로 통장을 펼쳤다. 세 사람이 각자 모은 돈은 모두 1,000만원 수준이었다. 이렇게 모으면 1~3년 뒤엔 모두 드림카를 구입할 수 있을 거였다.

기분 좋게 1차를 마치고 치맥으로 마무리하기 위해 호프집으로 향했다. 호프집이 떠나가라 웃고 떠들던 분위기가 싸~해진 것은 무르팍이 10년 적금 계획을 이야기하면서부터였다. 이게 무슨 일인가. 세 사람 모두 매달 월급의 절반 수준인 80만원을 연이율 4% 상품에 붓는 계획이었지만 10년간 모을 액수는 크게 차이가 났다. D와 송 부장은 아무리 계산을 해도 무르팍이 말한 금액이 나오지 않았다. 무르팍이 10년간 모을 수 있는 금액은 총 1억1,819만원이었다. 송 부장은 1억1,477만원으로 무르팍보다 342만원이나 적었다. 그나마 D는 송 부장보다 나았다. 총 1억1,608만원으로 무르팍보단 적었지만 송 부장보단 131만원을 더 벌었다.

D 이상하네. 우리 1년간 모은 금액은 비슷했잖아. 무르팍, 이 배신자야! 너 혼자 더 많이 넣으려는 거 아냐?

무르팍 아니야. 너네랑 똑같이 80만원씩 넣는 거였어. 잘생긴 사람한텐 이자를 더 주나?

송 부장 뭐라는 거야? 이 미친X.

D, 세테크에 눈을 뜨다

술자리에서는 웃으면서 넘겼지만 셋의 통장에 찍힐 액수가 다른 것이 계속 D의 마음에 걸렸다. '정말 무르팍이 잘생겨서 더 좋은 상품을 추천해준 거 아니야? 돈 많은 순서가 외모 순이잖아', '내가 적금을 잘못 들었나?', '은행에서 돈 벌려고 내가 손해 보는 상품을 추천한 거 아니야?' 생각이 꼬리에 꼬리를 물자 본인에게 상품을 추천해준 직원까지 의심스러워졌다.

셋이 모을 돈의 액수가 다른 이유를 안 것은 얼마 후였다. 퇴근 후 다시 쌍대포집에 모여 셋의 통장을 비교하던 중 통장 이름에서 서로 다른 단어를 발견했다. 무르팍의 통장에는 '비과세'라는 단어가, D의 통장에는 '세금우대'라는 단어가 각각 붙어 있었다. 비과세, 세금우대, 일반 적금의 차이는 '세금'에서 비롯됐다.

무르팍은 비과세, 말 그대로 세금을 매기지 않는 상품에 가입했다. 현재 이자소득에는 이자소득세 14%와 농어촌특별세 1.4% 등 총 15.4%의 세금을 부과하고 있다. 무르팍은 이 중 이자소득세를 내지 않는 것이다. D는 이자에 대한 세금을 9.5%만 부과하는 세금우대 상품에 돈을 붓고 있었다. 같은 돈을 같은 금리의 상품에 넣어도 빠져나가는 세금의 규모가 다르니 돈의 액수가 차이 난 것이었다. 송 부장은 15.4%의 세금을 모두 내니 셋 중 돈을 가장 적게 모으는 셈이다.

"사회초년생이었기 때문에 매달 적금 금액은 80만원 수준이었어. 만약 더 큰 금액을 부었다면 훨씬 큰 차이가 났겠지. 피 같은 내 돈을 한 푼이라도 더 모으기 위해 나랑 송 부장도 무르팍과 같은 적금으로 갈아탔어."

D가 세테크의 중요성을 깨달은 사건은 또 있었다. 적금을 계기로 돈

불리는 재미에 푹 빠진 D는 기가 막힌 재테크 아이디어를 부모님께 말씀드렸다. 연이율 4%로 1억원을 대출받아 연이율 4.5%짜리 금융상품에 투자하는 안이었다. 부모님은 침을 튀기며 이야기하는 D를 보고 "재테크도 경험이 필요하다"며 선뜻 허락해주셨다. 1년 뒤 결과는 참담했다. 4%의 이자를 내고 4.5%의 이자를 버는 완벽한 재테크 방법이었지만 193,000원이나 손해를 봤다. 이번에도 세금이 문제였다. 1년 후 대출금은 4%의 이율을 반영해 1억400만원을 갚아야 했지만 이율 4.5%의 금융상품으로 번 돈은 1억380만7천원이었다. 금융상품으로 번 이자에 대한 세금 15.4%를 냈기 때문이다.

이 사건을 겪은 뒤 D는 본격적으로 세테크에 뛰어들었다. 금융기관에서 가입한 상품을 비과세 상품들로 바꾸고, 연초부터 연말정산을 준비하는 등 절세가 가능한 방법을 적극적으로 찾아 나섰다. 세테크를 시작한지 2년여 만에 D는 드림카였던 쉐보레 크루즈 구입에 성공했다.

세테크는 세금과 테크놀로지Technology의 합성어로 절세를 통해 재테크하는 기법들을 일컫는 말이다. 최근 3대 투자처인 금융상품, 증권, 부동산 시장이 모두 침체되면서 세테크가 주목을 받고 있다. 저금리, 증권시장 불황, 부동산 거래 감소로 돈을 불리기가 힘들어지고 투자수익률이 낮아져, 세금이 재테크 성공 여부의 변수로 작용하는 것이다.

"재테크를 해보니 돈을 버는 모든 과정에 세금이 붙더라고. 적금으로 이자를 벌면 이자에 대한 세금을 내야 하고, 내가 직장에서 일한 만큼 대가를 받아도 거기에서 소득세란 이름의 세금을 납부해야 하는 식이지.

내가 내야 하는 세금이 어떤 것들인지 알고 미리 대처하면 줄줄이 빠져 나가는 돈을 아낄 수 있어. 재테크를 통해 돈을 벌려면 먼저 세테크 방법 을 파악하는 것이 중요해."

여자친구와 재형저축을 만나다

2년 뒤 드림카를 장만하지 못한 사람도 있었지만 여자친구만은 D, 무르 팍, 송 부장 셋 모두에게 생겼다. 무르팍은 소개팅의 상처를 소개팅으로 극 복했고, 송 부장은 5년 지기 친구와 연인 관계로 발전했다. D는 셋 중 가장 어려운 연애를 택했다.

송 부장 너 여자친구 생겼지? 요즘 수상하다?

무르팍 맞아. 너 주중엔 칼퇴근에 주말엔 연락불통. 심증은 있는데 물증이 없네.

D 알겠다, 알겠어. 안 그래도 오늘 말하려고 부른 거 아니냐. 내가 오늘 얘기할 테니까 너네 비밀로 해줘야 한다. 밖에 나가서 말하고 다니면 죽을 줄 알아.

송 부장과 무르팍은 돼지 목살로 향하던 젓가락을 내려놓고 D의 입에 시선을 고정했다. D의 비밀스러운 연애는 무르팍 덕분에 시작됐다. 드 림카를 구입한 후 다시 목돈 '제로'가 된 D는 두 번째 재테크를 시작하 기 위해 무르팍과 상담하던 중 한 회사 선배를 알게 됐다. 2년 전 무르팍 에게 비과세 상품을 소개해준 그 선배였다. D는 무르팍에게 도움을 요청해 선배와 따로 자리를 가졌다. 사내에서도 오가며 마주친 적은 있지만 회사 앞 카페에서 만난 선배는 알고 있던 이미지와 달랐다. 확실히 예쁜 얼굴은 아니었지만 눈웃음치며 작은 입으로 조잘거리는 모습에 D는 호감을 느꼈다. 이후 좋은 상품을 소개해달라는 명목으로 두 번, 세 번 만남을 이어갔다. D는 재테크를 도와줘서 고맙다는 핑계로 저녁 식사 자리를 마련했고 그 자리에서 선배에게 마음을 고백했다. 그렇게 D는 여자친구와 재형저축을 만났다. 여자친구가 되기 전 선배가 그 작은 입으로 강조했던 상품이 바로 재형저축이었다.

"재형저축은 대표적인 비과세 상품이야. 정부가 서민들의 저축을 장려하려고 18년 만에 부활시킨 전설의 '신입사원 1호 통장'이지. 지금 20대 신입사원들이 들기에 딱 좋은 절세 상품이야. 2015년 12월 31일까지만 가입할 수 있으니까 원하면 빨리 계좌부터 개설해."

D는 여자친구의 조언에 따라 은행에서 연이율 4.5%의 재형저축에 가입했다. 모든 조건이 D에게 딱 맞았다. 연소득 5,000만원 이하의 직장인이나 3,500만원 이하의 사업자만 가입할 수 있어 사회초년생에게 적합했다. 가입 기간은 7년 이상으로 긴 편이었지만 목돈 만들기를 시작하는 20대에겐 크게 부담스럽지 않은 기간이었다. 또 연간 1,200만원까지 납입할 수 있어 월 100만원씩 적금하던 D에게 알맞은 상품이었다. 재형저축에 가입하고 돌아서려는데 은행 직원이 D의 발목을 잡았다.

"고객님, 적금 하나만 가입하시려고요? 이율 높은 상품이 또 있는데."

D는 마침 추가 가입할 상품을 찾고 있던 참이었다. 매달 들어오는 초

과근무수당과 분기별로 받는 상여금을 따로 관리하기 위해서였다. 별다른 대안이 없으면 '무르팍 1호 통장'인 상호금융기관의 비과세 적금에 넣어둘 생각이었다. D의 부서에서는 부원들이 돌아가면서 야근과 주말 당직을 서 매달 꾸준히 초과근무수당이 들어왔다. 또 3개월에 한 번씩 받는 상여금은 월급이 들어오는 통장에 그대로 쌓여 있었다. 재테크에 관심을 갖게 된 이상 이 돈을 그냥 놀고 있게만 둘 수는 없었다.

은행 직원은 D에게 연이율이 높은 적금을 추천했다. 알아보던 상품들보다 높은 이율을 보고 눈이 커졌지만 일단 마음을 가라앉히고 계산기부터 꺼내들었다. 계산기를 두들기던 D는 "다음에 다시 오겠다"는 말을 남긴 채 돌아섰다. 이자에 대한 세금을 빼보니 은행 직원이 추천해준 상품보다 연이율은 더 낮지만 비과세 혜택이 있는 무르팍의 통장에 더 많은 돈을 모을 수 있었기 때문이다. 예전 같았으면 계산기를 꺼내지도 않고 이율이 더 높은 상품을 택했겠지만 세테크에 관심을 갖게 된 후 D의 눈에는 이율 뒤에 숨겨진 더 많은 숫자들이 보였다.

직장인 세테크의 결정판, 연말정산

"하아."

"에휴."

"에라이."

연초 직장인들의 성적표, 연말정산 결과표를 받아든 부원들이 줄줄이 한숨을 쉬었다. 간혹 환호가 터져 나오기도 했지만 주위의 눈치를 살피며 쉬쉬했다.

원래 소득세의 과세 기간은 1년이지만 직장인들은 매달 월급을 받을 때마다 소득세를 징수 당한다. 직장인의 소득공제 금액이 확정되지 않았기 때문에 매달 급여를 지급할 때 간이세액표에 따라 세금을 뗀다. 총 급여에 대한 정확한 소득세는 다음 해 2월에 계산하는데 이를 '연말정산'이라고 한다. 실소득보다 세금을 많이 냈으면 그만큼을 돌려주고 적게 냈으면 더 징수한다. 직장인들에게 연초에 받는 연말정산 환급금은 '13월의 보너스'이지만 더 내야 하는 세금은 '13월의 빚'이 된다.

D는 매년 환호를 터뜨리는 무리에 속했다. 세금에 관해선 정부가 내라는 만큼 내고 받으라는 만큼 받아야 할 것 같지만 연말정산은 개인이 아는 만큼 돈이 된다. D가 입사 후 매년 '13월의 보너스'를 받은 것은 연초부터 연말정산을 준비한 덕분이었다. 그가 연말정산 환급금을 받은 비결은 총 다섯 가지다.

신용카드와 체크카드, 계산하며 사용해라

D는 계산하기 전 결제할 카드를 미리 정했다. 그날 선택받을 카드는 총 사용 금액에 따라 달라졌다. 신용카드와 체크카드의 사용 금액에 따라 연말정산 소득공제액이 차이 났기 때문이다.

신용카드와 체크카드 등의 소비액이 총 급여액의 25%를 초과하면 정부는 소비한 금액의 일정 비율을 돌려준다. 카드 사용액과 현금영수증에 대한 소득공제 한도는 300만원이다. 여기서 신용카드 소득공제율은

15%에 불과하지만 체크카드는 30%로 2배나 높다. 또 D는 현금으로 계산할 경우 반드시 현금영수증을 챙겼다. 술에 취해 계산대를 붙들고 서 있을 때도 "현금영수증"을 외친 그였다. 현금영수증의 소득공제율 30%도 잊지 않고 챙긴 것이다.

총 급여액의 25%까지는 신용카드로 결제하고, 이후부터는 체크카드를 사용하거나 현금영수증을 발급받는 것이 유리한 셈이다.

어깨는 무겁지만 주머니는 두둑, 부모님을 부양가족으로 등록해라

D는 정년퇴직한 아버지와 가정주부인 어머니를 본인의 부양가족으로 등록했다. 그때 당시 감정이 복잡하게 뒤엉켰다. 평생 아들 뒷바라지만 하시다 어느새 나이가 드신 부모님을 보니 마음이 저릿했다. 보살핌만 받아 왔는데 이제 자신이 부모님을 부양한다고 생각하니 어깨도 무거워졌다.

부모님을 부양가족으로 등록한 이유는 연말정산 환급금을 받기 위해서였다. 소비액이 많으면 공제되는 금액도 많아진다. 부모님을 부양가족으로 올리면 부모님이 소비한 금액도 추가 소득공제 받을 수 있는 것이다. 부모님이 따로 살고 있어도 60세 이상이고 연간 소득액이 100만원 이하면 공제 대상이 된다.

부모님 의료비를 공제받아라

D의 어머니는 지난해 초 자궁암 수술을 받았다. 다행히 쾌차하셨지만 아버지가 일을 그만둔 상태여서 수술비는 집안 형편에 부담이 됐다. '조금이라도 도움 받을 곳이 없나' 고민하던 중 연말정산 소득공제가 머릿속을 스

치고 지나갔다. 어머니를 부양가족으로 등록해 의료비를 공제받을 수 있었기 때문이다.

정부에서는 의료비가 총 급여액의 3%를 초과할 경우 초과되는 금액에 대해 700만원을 한도로 공제해준다. 다만 본인과 65세 이상자, 장애인의 의료비는 한도 없이 전액 소득공제가 가능하다. 미용 및 성형수술을 제외한 의료비는 소득공제를 받을 수 있다. 한약이나 시력보정용 안경, 콘택트렌즈, 보청기 구입비도 공제 대상에 포함된다.

"나 월세 산다" 당당하게 밝혀라

D는 아직 여자친구에게도 월세방에 산다는 사실을 말하지 못했다. 그런 그가 월세 사실을 당당하게 밝힐 때가 있다. 바로 연말정산 기간이다.

연말정산 기간에는 본인의 신상을 바닥까지 까보이는 기분이 들지만 막상 환급액을 받으면 얘기는 달라진다. 자신이 무주택자이며 총 급여액이 5,000만원 이하이고, 국민주택(85㎡)보다 작은 집에 월세로 살고 있다는 사실이 고마워지기까지 한다. D는 이 같은 조건들 덕분에 월세액의 50%를 소득공제 받고 있다.

소득공제 금융상품에 가입하라

D는 소득공제 상품 대신 비과세 상품에 가입했다. 하지만 소득공제 금융상품에 가입하는 것도 환급금을 받을 수 있는 방법으로 꼽았다. 금융상품 중 소득공제가 가능한 것은 연금저축, 청약저축 등이 있다. 무주택자는 주택청약저축을 통해 연간 불입액(120만원 한도)의 40%까지 소득공제를 받을

수 있다. 연금저축에 가입하면 연간 400만원까지 소득공제가 가능하다.

세테크, 20대에 시작해야 하는 이유

20대 시절 D의 목표는 드림카 장만이었다. 이제 30대에 접어든 그는 결혼 후 사랑하는 사람과 함께 살 집을 마련할 계획이다. 버는 돈과 소비 규모가 점점 커지면서 내야 할 세금의 금액도 달라졌다. 20대에는 버는 돈이 적으니 연말정산, 금융상품 절세 등 생각해야 할 것이 그다지 많지 않았다. 하지만 30대가 돼 재산을 불리면서 따져봐야 할 세금의 종류도 많아졌다.

"30대가 되어서 내 집을 마련하면 취득세를 내야 해. 가족이 생기면 상속세, 증여세 등을 고려해야 하고 재산을 불리는 과정에선 재산세, 종합부동산세 등을 따져봐야 하지. 20대들이 절세 공부를 해야 하는 이유야. 나중에 더 큰 규모의 세금과 마주할 때를 대비해 지금부터 세테크를 시작해야 해."

세금에 관한 모든 것,
이것만 알면 절반은 성공

1 세금의 종류에 대해 알려주세요.

세금의 종류는 다양해요. 크게는 중앙정부가 징수하는 세금과 지방정부가 거두는 세금으로 나뉘죠. 종류별로 간단하게 요약해보자면 돈을 벌면 내는 소득세, 지방소득세, 법인세와 부동산 등 재산을 취득한 후 붙는 취득세, 재산세, 종합부동산세 등이 있어요. 재산을 팔 때는 양도소득세를, 소비할 때는 부가가치세를 내야 해요.

2 무르팍과 D는 왜 이자소득에 대한 세금을 적게 낸 건가요?

현재 이자소득에는 이자소득세 14%와 지방소득세 1.4%, 총 15.4%의 세금을 부과하고 있어요. 그런데 D는 세금우대 적금에 가입해 9.5%(이자소득세 9%+농어촌특별세 0.5%)만 냈고, 상호금융기관 비과세 적금에 가입한 무르팍은 여기서 농어촌특별세 1.4%만 냈기 때문이에요.

3 비과세, 이건 어떤 혜택인가요?

말 그대로 세금을 부과하지 않는 혜택이죠. 비과세는 '완전비과세'와 무르팍처럼 농어촌특별세만 내는 '부분비과세'로 구분돼요. 주요 비과세 상품으로는 재형저축, 장기저축성보험, 생계형저축, 상호금융기관 예·적금 등이 있어요. 이런 상품들은 정부가 서민들의 저축생활을 돕기 위해 주는 혜택이라고 할 수 있죠. 이 때문에 비과세 상품에는 급여 5,000만원 이하의 근로소득자, 무주택자 등 가입자 요건이 따로 정해져 있어요.

4 재형저축의 단점은 무엇인가요?

초기 재형저축 상품은 '3년 고정금리(최대 4.5%) 후 4년 변동금리' 조건으로 출시했어요. 이자소득세를 과세하지 않지만 4년째부터 금리 전망이 불투명하다는 단점이 있었죠. 이후 새로 나온 재형저축은 7년 고정금리(최대 연 3.5%) 상품입니다. 일각에서는 재형저축이 서민들의 기대를 충족시키지 못한다며 기본금리를 인상하고 소득공제 혜택을 부여해야 한다는 목소리가 나오고 있어요.

5 연말정산 환급금을 받을 수 있는 방법이 더 있을까요?

공제 대상은 다양해요. 연말정산 전에 본인에게 맞는 공제 대상을 찾아 미리 준비해야 하죠. 예를 들어 소득공제 한도인 300만원을 초과할 경우 전통시장이나 버스, 지하철, 철도 등 대중교통 결제 금액은 각각 100만원씩 추가 공제됩니다. 초중고생의 급식비와 방과 후 수업료, 교재비도 소득공제 대상이에요. 어린이집이나 유치원 급식비도 공제받을 수 있어요. 또 보험료도 공제 가능해요. 건강보험료, 고용보험료, 노인장기요양보험료는 전액을, 보장성 보험료는 연 100만원 한도로 공제돼요.

위치 기반 SNS
〈씨온 SeeOn〉 안병익 대표

얌전한 대기업 연구원에서 '돌격' 벤처 대표로
"창업, 절대 하지 마라!"

창업자 대표 사이에서도 이름 '꽤나' 알렸다는 씨온 안병익 대표는 대학생들을 대상으로 하는 강연에서 "절대 창업하지 말라"고 강조한다. 물론 역설적인 표현이다. 최근 젊은 층에서 스타트업(초기 벤처) 열풍이 불고 있는 상황이지만 섣불리 덤벼들 만한 것이 아니라고 말한다. 속뜻은 확실한 의지와 성공에 대한 욕구가 있을 때만 도전해야 한다는 것. 창업은 '정거장 없는 기차가 출발하는 것'과 같다는 설명이다. '일단 시작하면 어떻게든 되겠지'란 생각만큼 위험한 것도 없다고 꼬집는다.

'한 우물만 파자'란 믿음으로

안 대표의 대학 시절 꿈은 연구원 또는 교수였다. 대학원을 졸업한 뒤 1993년 서울 우면동에 있는 KT연구소에 연구원으로 들어갔다. 연구실과 집만 오가는 얌전한 생활의 연속. 이때까지만 해도 창업은 전혀 계획에 없었다. 어려서부터 사업 때문에 고생하는 사람들을 많이 본 탓에 사업만은 절대로 하지 않겠다는 마음이었다.

당시 안 대표의 업무는 GIS_{Geographic Information System, 지리정보시스템} 개발이었다. 연구원 생활에 점차 적응해가던 1998년 동료들과 함께 우연히 KT 사내 1호 벤처를 설립하게 됐다. 이때 처음으로 잠재된 열망을 느꼈다고 한다.

KT를 나와 회사를 차렸다. 문제는 열정 하나만 믿고 무턱대고 사업을 시작한 것이었다. 사업 경험이 없는 연구원들이 주축인 탓에 많은 어려움이 찾아왔다. 창업 직후인 2000년 IT업계에 거품이 꺼지면서 수많은 벤처 기업이 문을 닫았다.

안 대표가 차린 기업도 투자자를 찾지 못하고 2년 동안 별다른 매출이 없었다. 급기야 직원들 월급을 주지 못하는 상황까지 왔고, 살아남기 위해 닥치는 대로 일감을 찾았다. 대기업에 프로그램을 공급하고 정부 국책 과제를 수행하며 모든 자금을 연구개발에 투자했다.

회사를 포기할 것인지를 놓고 고민하는 순간도 많았지만 '한 우물만 파자'는 믿음을 지켰다. 지금까지 창업한 것을 후회한 순간은 단 한 번도 없었다. 안 대표는 창업이 아니었다면 자신의 인생에서 이렇게 값지고 소중한 경험들을 해볼 수 없었을 것이라고 단언했다.

현재 안 대표는 '씨온'으로 국내 대표 위치정보 SNS 대열에 합류했다. 씨온이 개발한 대표적인 앱은 'LESSON 1' 편에 나왔던 '돌직구' 앱을 비롯해 '씨온샵', '식신핫플레이스' 등이 있다.

대부분의 남성들이 그렇듯 안 대표 역시 젊은 시절 맛있는 음식이나 패션에 쉽게 지갑을 여는 스타일이 아니었다.

"시장에서 파는 만두나 호텔에서 파는 만두나 다 거기서 거기라고 생각합니다. 맛은 오히려 시장 만두가 더 맛있을 수도 있지요."

하지만 버는 돈의 3분의 1은 반드시 '꿈'에 투자했다. 대학생 시절 아르바이트로 돈을 모으거나 장학금을 받으면 정확히 3등분으로 나눴다. 그중 3분의 1을 영어학원에 다니거나 운동을 하는 등 꼭 하고 싶었던 일을 하는 데 썼다.

대학 시절 아끼는 것만큼 중요한 것이 '꿈 투자'라는 것이다. 본인이 절약한 돈을 자신을 위해 투자한다면 아깝지 않은 투자라고 했다. 자신에게 투자해 더 큰 가치를 만들어 낼 수 있다면 그만큼 정확한 '재테크'도 없다는 설명이다.

안 대표는 모아진 돈을 적절히 운용하는 방법을 터득하는 것도 중요하다고 강조한다.

"다양한 경험을 통해 과감하면서도 위험을 피하고 안전하게 운용하는 방법들을 하나씩 배워가야 합니다. 공격적이면서도 안전한 투자를 할 수 있다면 최고가 되겠지요."

꿈과 통장에 첫발을 내딛는 시드 세대들에겐 "도전하는 자만이 새로운 것을 얻을 수 있다"고 전했다.

"열 번의 생각보다는 한 번의 행동이 훨씬 좋은 결과를 가져올 때가 많아요. 시도해 보지 않은 미래를 추측하고 예측하는 것만큼 어려운 것은 없습니다. 그러니 일단 행동하세요. 그래서 결과가 좋으면 좋은 것이고 혹시 결과가 좋지 않더라도 그만큼의 경험을 쌓은 것이니 그 또한 나쁘지 않습니다. 그러니 새로운 것을 향해 도전하십시오."

'공짜' 학개론

□ 당첨 확률이 높은 공짜 이벤트에도 응모해본 적이 없다

□ 월급에서 저축 비중을 더 높이고 싶다

□ 공짜에 연연하는 사람을 보면 한심하게 느껴진다

□ 당첨 확률이 높은 공짜 이벤트에도 응모해본 적이 없다

□ 할인, 이벤트 관련 앱을 사용하지 않는다

□ 월급에서 저축 비중을 더 높이고 싶다

이름 G	**나이** 32세	**성별** 남
결혼 여부 기혼	**직업** 외국계 IT기업 6년 차	

연봉 1년 차 연봉 2,400만원에서 6년 차 6,000만원으로 점프

현재 자산 2억원

공자 선배를 만나다

점심시간이 다가올 무렵 후배들 사이에 경계령이 떨어졌다.

'오늘 G선배가 광화문에 뜬단다. 다들 핑곗거리 하나씩 만들어둘 것!'

마치 여의도 증권가 '찌라시'가 확산되듯 카카오톡 메시지는 경영학과 07학번 후배들을 중심으로 퍼져 나갔다. 아뿔싸. 결국 착하디착한 여자 후배 X가 희생양이 됐다.

'G선배가 결국 X한테 연락했나 봐. X 불쌍해서 어쩌냐?'

'아니, 업무 관계자랑 점심 약속 있다고 하지 그랬어?'

'쟤는 착해서 탈이야. G선배를 혼자 어떻게 감당할 거야?'

'그냥 간단하게 먹여서 얼른 보내.'

　다들 X에 대한 안쓰러움을 카카오톡 단체방에 쏟아냈다. 공포의 대상이 된 선배의 호는 '공자'였다. 조금만 더 세게 발음하면 '공짜'. 두 번째 별명은 '청년 재벌'이었다. 돈을 제법 많이 모아뒀다는 소문이 은근히 퍼지면서 생긴 별명이었다. 문제는 그 선배가 돈을 모으는 방법이 스크루지 할아버지 저리 가라 할 정도로 '왕짠돌이'처럼 구는 데 있었다. G선배의 취미는 지인들의 회사 구내식당 탐방이었다. 외국계 IT 기업에 다니는 G선배의 점심시간은 다소 여유가 있었다. 때문에 신촌, 광화문, 여의도 등 직장가를 누비며 연줄이 있는 지인들을 점심시간마다 불러내 회사 구내식당 탐방을 하겠다며 점심을 얻어먹고 가는 식이었다. 소문만으로도 02학번 G선배의 존재감은 무시무시했다. 한참 아래인 07학번 후배들에게까지 소문이 번진 상태였다. 점심시간이 지난 오후 2시, X의 'G선배 극복기'가 카카오톡에 올라왔다.

　"야! 대~~박! 나 G선배 드디어 일대일로 봤잖아. 지난해 연말 과 송년회 이후 첫 대면이었는데, 대박이다 대박이야. 이런 캐릭터는 처음이야. '아이고, X양. 잘 지냈어? 어디 아픈 데는 없고? 여행갈 때 됐지?' 이러면서 등장하는데 나는 무슨 약장사인 줄 알았다니까. 소문대로더라. 오늘 선배네 회사 임직원들이 '튼튼이 걷기 대회'를 했는데 마침 우리 회사가 보이더래. 그래서 연락했다더라. 그러더니 속사포로 나에게 물었지. '너희 회사 구내식당 오늘의 메뉴는 뭐니?'라고 말이야."

　07학번 카카오톡 단체방엔 단체 탄식이 흘렀다. X양의 G선배 목격담이 계속 이어졌다.

　"그러더니 갑자기 여행 안내문을 들이미는 거야. 세계 각국에서 여행자들이 모여 캠핑카를 타고 여행하는 상품이었는데, 순간 나는 이 선배가 여행사로 자리를 옮겼나 했어. 해당 여행상품을 통해 어느 곳을 다녀왔는데 어떤 느낌이었다느니, 요즘 같은 불황에는 여행을 다니면서 스트레스를 풀어야 한다느니 뜬금없는 여행 이야기를 한참 늘어놓는 거 있지? 나는 관련 상품에 관한 부탁을 받겠거니 하고 체념하고 있었는데, 대박 반전!"

채팅방에 침묵이 흘렀다.

"이 선배가 이 여행상품 체험단에 뽑혀서 공짜로 여행을 다녀왔대. 그러더니 체험단 다음 기수를 뽑는데 나를 추천해주겠다는 거야. 진짜 짱이지? 그리고 선배네 회사 훈남 직원도 소개받기로 했지롱! 고마워서 내가 커피까지 쐈다!"

G선배의 반전은 식스센스급이었다. 이제까지 G선배는 말 그대로 '공짜'로 유명한 인물이었다. 그의 지갑에서 돈이 나오는 모습을 본 사람을 찾기는 어려웠다. 가장 친한 친구들 사이에서도 G선배에게서 뭔가를 얻어먹으려면 3대가 덕을 쌓아야 한다는 말이 나올 정도였다.

실제 G선배는 '공짜의 신'으로 TV에 출연한 경험도 있다. 그 외에도 무언가 '공짜'가 떨어진다면 무엇이든지 하려는 열정 탓에 각종 TV 프로그램에 얼굴을 들이밀었다. SBS 프로그램 『일상생활의 달인』에 회식 탬버린의 달인으로 출연 신청을 했지만 특이하지 않다는 이유로 탈락했던 쓰라린(?) 경험도 있다.

이 정도면 모두의 '기피대상 1호'여야 마땅하지만 이상하게도 G선배

주변에는 사람이 넘쳐났다. 그는 공짜만 밝히는 놈, 대머리나 까질 놈이 아니었다. X의 말마따나 그는 사귀어두면 좋은 사람, 배울 만한 사람으로 불렸다. 게다가 돈도 넘쳤다. 월급쟁이 신분으로 3년 만에 1억원을 모았다는 소문은 사실이었다.

'공짜'에 관한 정신교육이 필요해

G선배를 마주한 건 선배 회사의 사내 카페에서였다. 장소 선택 이유는 간단했다. 직원 복지의 일환으로 커피 음료를 무료로 제공하고 있기 때문. '공짜' 아메리카노를 사이에 두고 G선배의 히스토리를 마주했다.

G선배의 첫 직장은 대기업 계열사였다. 27세 12월에 입사해 첫 월급 200만원을 받아들었다. 2로 시작해 0이 6개 붙은 숫자를 보는 동안 많은 생각이 스쳐 갔다. G선배는 0과 0 사이에 그리 큰 간격이 있을 줄 어릴 때는 미처 몰랐다고 고백했다.

학창시절 교과서 속 숫자는 단순히 수리영역에서 좋은 점수를 받기 위한 문제와 답에 불과했지만 이젠 세상의 모든 숫자가 '생계형'으로 다가오기 시작한 첫 순간이었다는 것이다.

"27세 12월부터 결혼 적령기인 32세 12월까지 5년. 이 기간의 포트폴리오를 짜봤지. 매년 연봉이 오른다는 사실을 무시하고 계산해봤어. 월 200만원씩 5년 동안 고스란히 저금한다고 생각하고 따져 보니 1년에 2,400만원, 5년에 1억2,000만원이더라. 정말 공기만 마시며 살아도 서울에 집 한 칸 구하기도 힘든 금액이야. 사회초년생 때야 즐기기 바쁜 시기지만 5년 뒤의 상황을 미리 그려봤더니 막막하더라. 여자친구에게 '모아놓은 돈이 없다'고 말해야 하는 순간들, 그것을 듣고 있을 그녀의 표정, 부모님에게 손을 벌릴지도 모르는 상황. 난 개인적으로 돈이 부족할 때 어딘가에 기댈 곳이 없었어. 그러니 처음부터 돈에 대한 모든 것을 알아서 해야 했지. 하지만 지금과 같은 상황으로 계속 흘러간다면 5년 뒤 반드시 고민을 하게 돼 있는 구조인 거야. 나의 월급 체계가 말이야. 이런 고민들을 하지 않기 위해서 어떻게 해야 할지를 고민했어."

이때부터 G선배는 월급의 85~90%를 아끼기로 결심했다. 첫 달 월급 200만원부터 시작했다. 그는 170만원을 저축했다고 한다. 이게 가능할까?

"어, 가능해. 일단 저지르고 나면 초인적인 힘이 생기거든. '이것 가지고 어떻게 살지'라고 생각하는 사람들은 테두리 안에 갇혀 있는 거라고 생각해. 그 안에서 쪼개고 아끼려고 한정지으면 시야 자체가 좁아져버려. 시야를 넓히면 내가 안 했던 것들에도 도전하게 되지. 젊은 세대들은 절약을 도전으로 연결 지을 수도 있다니깐."

G선배는 자신의 법칙을 몸으로 보여주고 있었다.

1-1-1 법칙

G선배가 대학생이던 시절, 캠퍼스 곳곳에서 그의 얼굴을 보기란 그리 어

려운 일이 아니었다. 각종 기업에서 실시하는 '대학생 홍보대사'부터 '대학생 기자단'까지 그가 발을 들여놓지 않은 곳이 없었기 때문이었다. oo은행이 대학생 홍보대사를 모집하는 홍보물엔 G선배가 흰색 티셔츠에 청바지를 입고 활짝 웃고 있었고, oo전자가 실시하는 대학생 기자단 모집 광고엔 사파리 복장을 한 G선배가 "후배들을 환영합니다"라고 외치고 있었다.

직장인이 된 G선배는 '공짜의 달인'으로 불리지만 대학생 시절 그는 '예능의 중심'으로 불렸다. 다양한 모임에 들어가 사람들과 어울리는 것을 즐겼기 때문이다. 기업에서 대학생들을 대상으로 하는 이러한 활동에 참여하면 많게는 장학금과 무료 해외탐방 기회부터 적게는 소정의 활동비까지 다양한 혜택이 덤으로 왔다. 이 같은 활동은 꼬리에 꼬리를 물었다. 여러 번 지원하다 보니 어떻게 하면 합격할 수 있는지 노하우를 알게 됐고, 정보도 많이 들어왔다. G선배는 이때 깨달았다고 한다. 세상에는 도전하는 자를 위한 무수히 많은 기회가 널려 있으며, 그것은 문을 두드리는 자의 몫이라는 것을.

직장인이 된 G선배는 대학생 때 얻은 깨우침을 '리셋'할 생각이 없었다. 아니, 리셋할 수 없었다.

"우리나라 기업들은 이미지 관리와 제품 홍보를 위해 엄청난 마케팅비를 쏟아 붓는다고. 우리는 기꺼이 그것을 누릴 자격이 있다는 걸 잊지 마."

G선배는 자신의 공짜 법칙을 '1-1-1 법칙'으로 정리했다.

'일주일에 한 번, 1시간씩 기업들의 공짜 이벤트를 몰아서 신청한다.'

이것이 그가 사회초년생 시절부터 지켜온 원칙이었다. 방송국, 홈쇼핑, 대기업, 중소기업, 미디어 등에서 실시하는 온갖 이벤트에 일주일에 하루, 1시간씩 신청하는 것이다. 가리는 것은 없다고 했다. 공연, 화장품, 책, 여행, IT기기 등.

G선배의 당첨 확률은 3개 중 1개꼴로 매우 높은 편이었다. 물론 1등이 아닌 참여상도 당첨 확률에 포함시킨 수치다. 잘 당첨되는 비결은 경험이었다.

"이런 공모전 혹은 이벤트에 도전하면서 느낀 것은 주최 측이 원하는 부분에 잘 부합하면 된다는 거야. 왜 그런 노하우도 인터넷 상에 떠다닌다며? 개그콘서트 방청권에 당첨되려면 어떤 유형의 사연을 적어야 하는지. 그런 것과 비슷하다고 생각하면 돼. 경험이 쌓이다 보면 주최 측이 이벤트를 통해 얻고자 하는 답이 보이는 거지."

주변에서 가장 납득하지 못했던 G선배의 홍보대사 활동은 바로 '직장인 패션피플 홍보대사'였다. 한 패션회사에서 모집했던 홍보대사에 G선배가 합격한 것을 보고, 당시 G선배의 주변인들은 해당 회사 옷에 대한 '불매운동'을 계획할 정도였다. 이때도 G선배의 공략법은 간단했다.

"패션회사에서 홍보대사를 뽑았던 이유는 성형외과의 목적과 비슷했어. 얼마나 이 사람이 자사의 제품을 통해 달라졌는지를 세상에 알리고 싶었던 거였지. 비포 앤드 애프터처럼 말이야. 그래서 난 지원동기에 이렇게 적었지. 평소 옷을 못입어 여자친구에게 구박받고 있는데 패션피플로 거듭나 멋진 남자친구가 되어 프러포즈를 하고 싶다고 말이야. 이 얼마나 탄탄한 스토리냐. 100% 거짓말도 아니었거니와 굴곡과 좌절, 감동이 뒤섞인 기승전결이 완벽한 스토리였지. 결국 난 홍보대사로 1년간 활동하며 재킷과 바지, 남방 등을 공짜로 제공받았어. 음하하.”

G선배는 이런 이벤트 공략으로 문화생활도 마음껏 즐겼다. 무료영화권부터 미술관 티켓, 도서상품권까지 공짜로 받아 1년 동안 100번 넘게 다양한 혜택을 누렸다. 레스토랑 식사권도 숱하게 들어왔다. 가장 대박이었던 것으로 G선배는 대만, 러시아, 미국으로 공짜 여행을 다녀왔던 것을 꼽았다.

덕분에 G선배의 모든 데이트 비용은 ‘0원’이었다. 처음엔 G선배의 공짜 습성(?)을 이해하지 못하던 여자친구도 이벤트 당첨으로 얻은 화장품, 향수 선물을 손에 쥐자 조력자로 변신했다. 이로써 월급의 90%를 아끼는 일은 현실이 됐다. 월급이 300만원일 경우 한 달에 쓰는 돈이 고작 30

만원 선이었던 셈이다.

믿을 수 없는 이야기지만 G선배의 통장이 진실을 말해주고 있었다. 들어가는 돈이라고는 통신비와 교통비, 약간의 식비가 전부였다. 통신비도 회사 전화를 적극 활용한 덕에 최저 요금제로 충분했다. 일주일에 세 번은 회사 동아리에서 저녁을 해결했다. 회사에서 지원하는 금액은 아낌없이 받아 써야 한다는 생각에 G선배는 한 회사에서 3개의 동아리에 들었다. 대표 종목은 종교, 탁구, 영어였다.

5년 사이에 G선배는 두 번의 이직을 통해 자신의 몸값을 높였고, 월급은 500만원 수준으로 훌쩍 뛰었다. 통장엔 돈이 불어나 3년 만에 1억원을 찍었고, 그로부터 2년 뒤엔 2억원이 됐다.

"아! 이건 경제습관과는 다소 동떨어질 수 있는 이야기지만, 한 가지 팁을 주자면 자신의 몸값을 올리는 방법 중에는 이직이 가장 빠른 지름길이더라. 한 직장에서 인정을 받으며 쌓은 포트폴리오로 다른 직장에 갈 경우 일반적으로 20~30%씩 연봉이 뛰는 듯해."

공짜의 공유학

이쯤되면 누구나 궁금해질 것이다. 그는 어째서 '민폐남'이 되지 않았는가? 짠돌이는 대한민국 사회에서 그리 환영받지 못하는 존재 아니던가. 자식으로도, 연인으로도, 부모로도, 친구로도, 직장 선후배로도 말이다. 하지만 대놓고 짠돌이인 G선배는 달랐다. 늘 모임의 중심이었고, 사람들은 G선배의 전화를 결코 피하지 않았다. G선배의 말은 이렇게 시작했다.

"짠돌이가 될수록 주변 사람들과는 멀어지지. 내가 당신에게 희생하고 있다는 것을 짧은 시간 안에 극명하게 보여줄 수 있는 것이 바로 돈이야. 돈을 쓰면서 관계가 형성된다고 볼 수 있어. 그래서 사람은 없더라도 먼저 써야 해."

이건 '짠돌이 대명사'의 입에서 나올 만한 대사가 아니었다. 굳이 꼽자면 온화한 미소에 니트 티셔츠가 잘 어울리는 교회 오빠가 쳐야 하는 대사였다. G선배가 다른 이에게 주어진 원고를 읽은 것은 아닐까. G선배는 혹 여러 개의 인격을 가진 이는 아닐까. 상상력 가지뻗기가 끝도 없이 이어지려고 할 때, G선배의 또 다른 멘트가 돌직구로 날아들었다.

"그런데 내가 먼저 사는 것이 꼭 값어치가 높을 필요는 없어. 사람들은 돈 이외의 것에서 감동을 받기도 하거든."

이것이 G선배가 진짜 하고 싶은 대사였다. G선배는 아끼는 것에만 주력하면 짠돌이 그 이상도, 그 이하도 아니라고 했다. 공짜의 중심축은 돈과 함께 '사람'이 되어야 한다는 이야기였다. 돈만으로 성장할 수 있는 사람은 없지만 인맥만으로 성장할 수 있는 사람은 있다고 했다. 없더라도 먼저 써라. 그것은 돈이 아니라도 좋다. '공자' 선배의 명언이었다.

G선배의 일상은 마치 '공짜 품앗이'와 같았다. 공짜를 통해 만들어진 인연은 단순히 밥 한 끼를 같이 먹는 것보다 오래 가는 인연이 됐다고 한다. 앞서 나온 후배 X의 경우도 그랬다. X는 G선배와의 첫 만남 후 '광화문 직장인 모임'에 주기적으로 참석했다. G선배의 소개를 통해서였다.

X의 직장이 광화문이라는 것을 알게 된 G선배가 X를 모임에 데리고 나갔고, X는 순식간에 G선배의 인맥을 공유하게 됐다.

G선배의 인맥은 광화문뿐만이 아니었다. 신촌 직장인 모임, 여의도 직장인 모임 등 G선배는 자신의 인맥을 지역구로 묶어 모임을 조직하고 있었다. 큰 부담 없이 번개를 치면 점심 약속이 없는 주변 직장인들이 회사 근처에서 밥 한 끼를 같이 하는 식이었다.

모임에선 직장에서의 경험과 정보들이 모두 '공짜로' 오갔다. 모두가 G선배 없인 이런 모임이 불가능함을 알고 있었다. 부지런히 지인들에게 연락하고, 직장 위치를 파악하고, 모임을 유지하는 것은 에너지가 많이 필요한 일이었다.

G선배는 이벤트를 통해 얻은 당첨 선물도 현명하게 공유할 줄 알았다. 시기적절한 시기에 안성맞춤인 선물이 무엇인지도 잘 알았다. 예를 들어, 조만간 여자친구와 1주년을 맞는 친구 녀석에겐 책 서평을 쓰고 받은 영화관람권을 통 크게 줬다. 얼마 전 취업에 성공한 후배에겐 맛집 블로거 활동으로 얻은 남성 화장품 세트를 안겼다. 이때 G선배에게 돌아오는 대답은 비슷했다.

"인마, 고맙다. 형이 밥 한번 살게."

"형, 고마워요. 제가 언제 술 한잔 살게요."

"오빠, 진짜 고마워. 언제 커피라도 한잔 하자."

가장 효과가 좋은 선물은 이성이었다. 솔로 시장에 나와 있는 남녀들은 그 어떤 선물보다 '소개팅'이란 단어 한마디에 더 열광했다. 실제 G선배가 결혼까지 골인시킨 커플은 총 다섯 커플이다. 주선자인 G선배는 이들의 결혼식 날 고마움의 표시로 옷과 가방, 신발 등을 선물로 받았다. G선배에겐 지인의 결혼식까지 '재테크'가 됐던 셈이다.

수도꼭지를 틀어라

G선배의 목표는 월급 100% 저축이었다.

"돈이 나올 수 있는 수도꼭지를 여러 개 열어두는 거지. 월급은 그중 한 개의 수도꼭지에 불과하다고 생각해. 이렇게 마음을 먹으면 월급의 노예가 되지 않고 다른 부분으로도 눈을 돌리게 되더라고. 어떻게든 월급을 쪼개서 생활하려니깐 쪼들리는 건 쪼들리는 대로 스트레스를 받고, 거기에 자꾸만 목을 매게 되는 거지. 조금은 이상하게 들릴 수도 있는 말이지만 이렇게 생각해봐. '월급 이외에 돈 나올 만한 구멍은 없을까' 하고 말이야."

G선배의 말은 공짜 이벤트에만 국한된 것은 아니었다. 앞으로는 월급쟁이로 살기 힘든 세상이 될 것이라는 게 그의 예언(?)이었다. '평생직장'이라는 말이 벌써 옛말이 됐듯 앞으로는 1인 1직장 세대에서 1인 다직장 세대로 발전해 나갈 것이라고 그는 설명했다. 직장에 몸을 담고 있으면서 한 분야의 전문가가 되어 대외적으로도 활동을 펼쳐 나가게 될 것

이라는 얘기였다. 이것이 월급 이외의 수도꼭지로 연결된다는 것이다.

그의 말에 고개가 끄덕여졌다. 실제로 최근 30대 안팎의 사람들, 4~8년 차 직장인을 보면 자신의 능력을 살려 대외활동에 눈을 돌리고, 성과를 내는 사람들이 눈에 띄게 많아졌다.

광고회사에 다니는 A는 SNS 분석 전문가가 되어 이름을 떨치고 있고, 신문사의 한 선배는 취재 틈틈이 장편소설을 써 문학상 수상의 영광을 안았다. 출판사에 다니는 B는 북카페를 공동 창업해 하루 24시간이 모자랄 정도다.

"아이러니하게도 직장에선 이렇게 대외적으로 이름을 알리는 사람들의 능력을 인정해주는 편이더라. 물론 직장에 따라 다르겠지만 말이야. 직장에 피해를 주지 않으면서도 밖에서 인정받고 유명세를 떨치는 직원을 누가 환영하지 않겠어?"

G선배 역시 '공짜의 달인'이라는 수도꼭지와 함께 또 다른 수도꼭지를 틀어놓을 준비를 하고 있었다. 그는 회사 지원을 받아 MBA 과정을 밟는 중이다. 마케팅에 특화된 자신의 능력을 살려 기업들의 '이벤트 마케팅' 전문가로 거듭나겠다는 것이 G선배의 목표다. 대학원에서 얻는 다양한 분야의 인맥은 덤이다.

"창업이 될 수도 있고, 강연이 될 수도 있고, 공짜가 될 수도 있고. 수도꼭지는 여러 종류이니깐. 그리고 그것이 곧 자기계발이 되는 거고 말이야. 그럼 월급이라는 수도꼭지가 잠겼을 때도 우린 당황하지 않고 그동안 다른 수도꼭지를 통해 흘러든 물을 안정적으로 공급받을 수 있는 거지.”

월급을 쪼개고 쪼개 얼마나 모을 수 있겠냐는 G선배의 말은 확실히 기존 틀을 깨는 것이었다. 이쯤되면 하나 더 궁금해지는 것이 있다. G선배는 왜 주식, 경매 등의 재테크 수단에는 도전하지 않을까.

“지금 서점에 가서 20대 때 재테크에 성공한 사람들의 책을 찾아서 봐봐. 주식으로 3억원을 모았다거나, 주택 경매로 집이 열 채가 넘는다는 사람들의 이야기가 쏟아지지. 정말 존경스러워. 하지만 난 절대 그들처럼 할 수 없다는 것을 잘 알아. 일단 소심한 성격 탓에 재테크에 크게 ‘올인’하지도 못할뿐더러 셈에 밝은 편도 아니지. 나도 그들의 책을 얼마나 열심히 읽었는데. 하지만 내가 내린 결론은 이거야. 아, 나는 손과 발이 고생하는 쪽을 택해야겠구나. 열심히 내 손으로 수도꼭지를 틀어야겠구나. 돈을 모으는 방법도 나와 궁합이 맞아야 할 수 있는 거야.”

이벤트 정보,
이곳에서 찾는다

여러 기업과 공공기관 등에서 쏟아내는 이벤트 정보들은 많은데 가만히 앉아서 내 눈에 띄기만을 기다리는 건 무리수 중의 무리수예요. 이벤트를 찾는 방법에도 노하우가 있지요. G선배가 '1-1-1 법칙'에서 매주 1시간씩 '손품'을 파는 곳은 어디일까요?

1 포털사이트에서 '이벤트'를 검색하라

기업이 자사의 활동을 알리는 기본적인 방법은 언론 홍보예요. 기자들에게 보도자료를 보내고 자료가 언론을 통해 잘 노출될 수 있도록 노력하지요. 때문에 기업의 이벤트 활동이 가장 먼저 노출되는 곳도 언론입니다. 포털사이트 뉴스란에서 '이벤트' 세 글자를 쳐 넣고 검색해보세요. '뉴스 최신순으로 보기'를 클릭하면 최근 기업에서 언론에 알린 이벤트 행사가 주르륵 떠요. 제목을 보고 해볼 만한 이벤트라고 생각되면 기사를 통해 정보를 습득합니다.

2 페이스북, 트위터 등 SNS가 노다지

기업들이 언론 다음으로 가장 홍보에 열중하는 곳이 SNS입니다. 페이스북과 트위터 등 SNS가 인기를 끌기 시작하면서 이곳이 고객들과 가장 가깝게 소통할 수 있는 통로가 됐기 때문이에요. 그래서 기업들도 공식 SNS 계정을 속속 만들었죠. SNS 친구들을 대상으로 한 이벤트도 자주 열고 있습니다. 페이스북과 트위터 등에서 관심 있는 기업들의 페이지를 찾아서 이들을 팔로우하고 친구를 맺어두세요. 다른 고객들은 모르는 깨알 같은 이벤트 소식을 알 수 있습니다. 놓치고 싶지 않을 거예요.

3 뽐뿌를 '즐겨찾기' 하라

뽐뿌란 단어는 이제 2030세대에겐 아주 익숙한 단어죠? 쇼핑 욕구를 충동질하는 상태를 의성어로 표현한 말이에요. 인터넷에서 나온 신조어이기도 하죠. '펌프'의 일본식 발음인 '뽐뿌'에서 유래했다는 말도 있습니다. 펌프질을 하는 것처럼 계속 물건을 사고 싶어 하는 욕구를 표현한 것이죠.

뽐뿌는 가격 비교 사이트의 이름이기도 합니다. 뽐뿌http://www.ppomppu.co.kr에선 누리꾼들이 상품의 할인, 이벤트 정보를 공유해요. 이곳 '이벤트' 코너에서는 기업들이 진행 중인 이벤트 목록을 한눈에 볼 수 있어요. '공짜의 달인' 초보들은 이곳만 주르륵 훑어봐도 충분합니다.

4 '여자와 이벤트'를 주목하라

'여자와 이벤트http://www.yeozawa.co.kr'는 8만여 명이 즐겨찾기 목록에 넣어 놓은 사이트입니다. 이 중 92%가 여자 회원이죠. 8만여 명이나 되는 사람들이 이벤트 공짜의 달인에 도전 중인 셈입니다.

뽐뿌가 할인 정보에 특화된 곳이라면 '여자와 이벤트'는 이벤트에 특화된 곳입니다. 병원의 치아교정, 시술, 체지방 질량 수치 확인 등을 무료로 체험할 수 있는 이벤트부터 연극 초대 이벤트, 무료 증정 이벤트까지 다양합니다. 체험단 모집 소식도 이곳에서 접할 수 있어요. 화장품, 의류 브랜드에서 모집하는 체험단들이 대부분입니다. 이벤트 고수들을 위해 추천!

10

내 집 마련 '2만원'부터 시작하라

아래의 □ 중 해당되는 항목에 체크하세요.
체크된 항목이 하나라도 있다면 LESSON 10을 꼼꼼히 읽어보세요.

□ 가계부를 써본 적이 없다

□ 휴대전화의 음성통화 · 데이터 · 문자 사용량이 어느 정도인지 모른다

□ 인터넷 전화를 사용해본 적이 없다

□ 주택청약저축상품은 나중에 가입해도 된다고 생각한다

이름 L	**나이** 35세	**성별** 남
결혼 여부 미혼	**직업** 언론사 기자 5년 차	
연봉 4,200만원		
현재 자산 2억8,000만원 자가주택 소유		

'소개팅 마니아'가 집을 샀다

a신문사의 기자 L은 자칭 타칭 '소개팅 마니아'다. 소개팅이라면 무조건 'OK'를 외치다 보니 주변에 떠넘기고 싶은 소개팅은 무조건 L에게 향한다. 본인이 소개팅 처리반인지도 모르는 L은 늘 언제나 소개팅에 들떠 있다.

그렇다고 해서 L의 외모가 빠지는 것은 아니다. 얼굴은 크지만 나름대로 준수한 외모에 키는 176cm. 적절한 지식과 유머를 겸비하고 나름 부드러운 목소리를 지녔다. 음주를 즐기지 않는 '비주류 기자층'에 속하면서도, 센스를 겸비해 술 없이 술자리에서 4~5시간은 너끈히 버틸 수 있다. 천으로 된 푹신한 쇼파에 앉았을 경우엔 폭탄주 잔을 들이키는 척하며 과감히 쇼파 등받이로 내용물을 던지라는 조언도 L에게서 나왔을 정도다.

그래서 L에게 소개팅이 끊이지 않는 것이다. 소개시켜줬을 때 크게 욕 먹을 것 없는 그런 남자. 그런 L의 평균 소개팅 횟수는 월 4~5회였다. 횟수에서만 그의 열정을 느낄 수 있는 건 아니다. L은 강원도 원주, 춘천 등 서울에서 1~2시간 걸리는 거리까지 '원정 소개팅'을 떠나기도 했다. 당시 "소개팅에 미친 것 아니냐"는 질문에 L은 "여행도 하고 여자도 만나고 얼마나 좋냐"란 답변을 내놓았다.

L이 소개팅 한 번에 쓰는 비용은 4~5만원이라고 했다. 소개팅녀가 커피 값을 내지 않아도 '오케이'란다. 1만원 더 쓰는 것뿐인데 뭐 어떠냐는 것이다.

이런 L이 지난 9월 집을 구입했다는 소식을 들었을 땐 모두가 같은 반응이었다. "대출을 많이 받았겠지. 소개팅남의 조건에 충실하기 위해 지나치게 무리한 것 아냐?"라는.

대출금 1원 하나 없이 온전히 그의 집이란 소식을 들었을 땐 하나같이 이렇게 물었다. "뭐가 어떻게 된 거야?" 기자 월급 수준을 아는 기자 동료들은 한마디 더 했다. "그 말을 믿냐?"

뭐가 어떻게 되긴, 아꼈지!

L이 집을 구입했다는 '소문'은 사실이었다(세상에 그가 이렇게 매력적인 남자였다

니). L의 고백은 이렇다.

"어머니, 아버지께 집을 사드리기 위해 3년간 긴축 재정을 시작했지. 집을 장만했을 때 1억5,000만원의 대출이 있었어. 언제나 빚 없는 집을 꿈꿔왔기 때문에 1억5,000만원이라는 대출금은 갚는 그 날까지 내 어깨를 짓누를 것 같았어. 그럴 바에는 바짝 벌어 화끈하게 갚자는 생각을 한 거야. 5,000만원은 남동생에게 일단 손을 벌렸어. 그리고 나머지 1억원을 3년간 꼭 모으자고 결심했지."

1년에 모아야 할 돈이 약 3,000만원이었다. L이 직장에서 받는 월급 평균은 350만원. 350만원을 있는 그대로 12개월 동안 모아도 4,200만원에 불과했다. 4,200만원에서 3,000만원을 남기려면 여윳돈은 고작 1,200만원이었다. 한 달에 쓸 수 있는 돈이 100만원이라는 계산이 나왔다.

L 사실 처음부터 이런 생활을 했던 건 아니야. 당시 하루 빨리 대출금을 갚고 싶다는 생각이 워낙 강했고 그러려면 얼마의 돈이 필요한지 눈에 보이니 본격적인 긴축 재정에 돌입할 수 있었던 거지.

후배 소개팅으로 얼룩진 선배의 삶도 그 2년 중에 끼어 있었던 거야?

L 당연하지. 그걸 내가 왜 포기해? 다 방법이 있지.

후배 무슨 방법?

L 소개팅 하나 구해다주면 알려주지.

소개팅 1회와 맞바꾼 L의 소비법칙

남은 돈 보기 전에 버는 돈부터 파헤치기

L이 돈을 모아야겠다고 생각한 뒤 제일 먼저 한 일은 '내가 버는 돈 제대로 알기'였다. 대부분의 직장인들은 대략 '나는 200만원을 벌어', '나는 300만원대를 버는 사람이야'라고만 생각할 뿐 구체적인 금액은 모르고 있는 것이 현실이다.

통장에 돈이 꽂히고 '퍼가요(카드값)', '퍼가요(카드값2)', '퍼가요(보험금)', '퍼가요(친구들 계비)', '퍼가요(적금)', '퍼가요(엄마?)', '퍼가요(여자친구??)'의 행렬이 멈추고 나면 패잔병만큼 아련한 잔금만이 남아 있을 뿐이다. 그런 뒤에야 직장인들은 무너진 가슴을 애써 추스르며 통장에 남겨진 돈을 사용한다.

L도 '퍼가요'의 희생양이었던 것은 마찬가지. 그는 일단 모아야 할 돈을 생각하기 이전에 내가 벌어들이는 수익을 철저하게 파헤치는 것이 먼저라고 생각했다. 그래서 엑셀을 펼치고 매달 받는 월급을 1원 단위까지 적었다. 또 시간 외 근무수당, 야근 수당을 매달 얼마나 받아왔는지까지 꼼꼼하게 적었다. 엑셀에 기록한 뒤 계산해보니 월 평균 L이 직장에서 받는 총액은 350만원이었다. 이 돈을 어떻게 써야 패잔병 같은 잔금에 한줄기 희망의 빛을 쬐일 수 있을까. 앞으로 350만원과의 전쟁이라는 생각이 들었다.

모든 계산을 마친 L은 하루에 2만원만 쓰기로 결심했다. 처음에는 2만원이면 꽤 살 만한 돈이라고 생각했다. 긴축 재정에 들어가기 전에도 하루에 2만원을 채 쓰지 않은 날이 많았기 때문이다. 택시를 타지 않으면 왕복 교통비가 2,100원, 점심과 저녁은 회사 또는 취재원과의 식사로 해결하면 생각보다 쉬울 듯싶었다.

야심차게 첫날을 시작한 L, 특별한 일정 없이 출입처 기자실에서 하루를 보내면 되는 날이었다. 전혀 문제될 것이 없었다. 첫날부터 너무 쉬운 것 아닌가 생각하는 순간 아뿔싸, 오늘은 밸런타인데이. 여자친구는 없지만 그래도 초콜릿 하나 못 챙겨주는 센스 없는 직장 동료 스타일은 아니었다.

게다가 오늘은 회사에서 전체 회의도 열리는 날. 결혼을 하지 않은 여자 선배들은 이미 지난주부터 "초콜릿 기사를 써야겠다", "요새 초콜릿 물가는 얼마나 되나?", "초콜릿 안 줘서 야근하는 직장인 사례를 취재해 봐야겠다" 등 말도 안 되는 기사 발제를 해가며 은근한 압박을 넣고 있는 중이었다.

머릿속으로 그 생각들을 하며 편의점에 갔다. 여자 부장이 1명, 여자 선배가 3명, (그래도 돈이 아깝지 않을) 예쁜 여자 후배 2명까지 총 6명. 초콜릿은 뭐가 그렇게 비싼지 1,000원짜리 한 장으론 살 것이 없었다. 4,000원짜리 초콜릿을 6개 고르니 24,000원. 벌써 하루 용돈으로 삼은 2만원이 넘어 있었다.

이날은 특별한 날이니 내일부터 괜찮을 것이라고 위안을 삼았지만,

그것은 L의 큰 착각이었다. 술자리에서
부장 지시로 사온 담뱃값부터 갑작스럽
게 등장한 후배와의 커피, 급하게
이동하느라 탄 택시 등 도처에
지뢰밭이 널려 있는 기분이
었다.

　무엇보다 가장 큰 문제
는 하루 일과를 마치고 그날
쓴 돈을 계산하기가 쉽지 않다는 것
이었다. 매일 가계부를 쓰는 일은 습관이 들지 않은 사람에게는 큰 숙제
와 같은 일이다. 일일이 영수증을 받아놓지 않아 잊어버리고 기록하지
않는 일도 잦았다. 당연히 지출액에는 구멍이 생길 수밖에 없었다. 가계
부 작성에 게을러지니 매일 2만원을 쓰겠단 의지도 한풀 꺾였다. 더 이
상 이대로는 안 된다고 생각한 L은 새로운 방법을 생각해냈다. 우선 가
계부를 쓰레기통에 버렸다. 대신 스케줄표를 꺼내들었다. 숫자 '2'의 게
임을 시작하기로 마음먹은 것이다.

10일: +1 (2만원보다 1만원을 더 써 3만원을 썼다는 뜻)

11일: -1 (2만원보다 1만원을 적게 써 1만원을 썼다는 뜻)

12일: +0.5 (2만원보다 5,000원을 더 써 25,000원을 썼다는 뜻)

스케줄표 일자 옆에 간단히 숫자만 적으면 되는 일이었다. 지출을 할 때도 머릿속으로 계산하기가 훨씬 편했다. 5천원짜리 밥을 먹고 3천원짜리 커피를 먹었을 땐 '-1.5→▶-1.2' 이런 식으로 줄여나가면 됐다. 뒤에 붙는 동전은 과감히 반올림 방식을 채택해 처리했다.

목표는 한 달이 지난 뒤 달력에 적힌 모든 숫자를 더했을 때 '0'이 되도록 하는 것이었다. 어느 날은 2만원보다 덜 쓰고, 어떤 날은 2만원보다 더 썼겠지만 결국 '0'이 된다면 일평균 2만원 소비에 성공하는 것이기 때문이다.

포기할 것은 과감히 포기!

스터디 동기 L기자, 나 결혼한다.

현재 출입처 홍보팀 대리 L기자님, 제가 이제 품절녀가 됐어요.

보잘것없던 고등학교 동창 야, 형 드디어 간다. 인마!

2년 만에 연락 온 대학 동아리 후배 오빠, 그동안 잘 지냈어? 언제 한번 시간 좀 내. 줄 것도 있고(이 경우 줄 것이라면 뻔하다. 청첩장).

엄마 이번 주 토요일에 시간 좀 되니? 희숙이 이모 알지? 그집 아들이 이번에 결혼한다는데 내 대신 좀 다녀와라(어머니, 아들에게 본인의 몫을 미루시면 안 됩니다).

남들에게 5월은 아름다운 신부의 계절이지만 '결혼 적령기'이자 '돈을 모으기 시작한' L에겐 잔인한 계절일 뿐이었다. 스케줄표 속 '귀여웠던' 숫자들은 눈덩이처럼 커지고 있었다. 4월 마지막주 '0'을 기록했던 기쁨도 잠시, 5월 첫째 주 결혼식 두 개로 한 주 결산 숫자는 '+15'가 됐다. 하루에 2만원 쓰기를 실패하고 그 주에만 15만원을 더 쓴 것이다. 단연 결혼식 축의금 두 번이 절대적인 주범이었다. 5월 둘째 주에도 결혼식이 두 개, 숫자는 '+25'. 5월 셋째 주에는 결혼식이 한 개였지만 숫자는 이미 '+40'이 돼 있었다. 평일에 아무리 줄이려고 해도 감당할 수 없을 만큼 커진 숫자를 보면 '에라, 모르겠다. 그냥 써'라는 생각이 절로 들었다.

L이 "이제 그만!"을 외친 날은 사내 모 부장님과 출입처 홍보팀장의 부고를 동시에 접한 날이었다. '5월, 너 정말 너무한다' 싶었다. 5월을 어찌어찌 넘긴다고 해도 앞으로 틈틈이 찾아들 경조사는 공포의 대상이 될 것만 같았다. 별별 생각이 다 들었다. 왜 대한민국 30대는 5월과 10월 '결혼시즌'만 되면 남의 결혼에 나의 주말과 돈을 양보하여야 하는 걸까? 결혼 적령기 후배가 보내온 '오빠, 잘 지내?'라는 메시지에 왜 나는 겁을 먹어야 할까? 대한민국 청년으로서 갑작스러운 경조사비 지출에 잘 대처하는 방법은 무엇일까?

L은 경조사비에 두손을 드는 쪽을 택했다. 대한민국에서 경조사비만큼 무시할 수 없는 것도 없었다. 20대 중반까지만 해도 경조사비는 어른들의 세계였지만 직장인이 된 이상 그건 더 이상 남의 이야기가 아니었다. 그래서 L이 선택한 것은 과감한 포기였다. '2만원의 법칙'에서 경조사비를 제외했다. 스케줄표의 모든 숫자를 리셋한 뒤 다시 새로운 마음으로 시작했다. 그러자 의욕이 되살아났다. L은 다소 큰 규모이고 갑작스럽게 들어가는 지출은 일단 '일일 2만원 경제'에서 제외시키자고 마음을 굳혔다.

다음은 소개팅 비용이 걸렸다. L도 결혼 적령기인 것은 마찬가지, 돈을 아끼자고 여자를 포기할 순 없는 노릇이었다. 2년 뒤 집을 산다고 하더라도 그때 결혼 상대를 찾는다는 것은 현실감이 떨어지는 계획이었다.

한 달에 서너 번 하던 소개팅을 한두 번으로 줄이는 일도 영 내키진 않았다. 어차피 소개팅을 통해 연인으로 발전하게 되면 한 달에 서너 번 데이트는 예상해야 하는 일이었다. 여자 앞에서 남자가 돈을 아끼는 모습만큼 꼴불견도 없다는 그의 사상도 한몫했다. 결국 소개팅 또는 데이트를 일주일 앞두고는 조금 더 긴축 재정을 펼치기로 했다. 하루에 2만원 쓸 것을 1만원으로 줄였다.

월요일부터 금요일까지 하루 1만원을 쓸 경우 스케쥴표 속 숫자는 '-5'가 됐다. 5만원을 아꼈다는 의미다. 그럼 토요일에 사용할 2만원까지 합하면 여윳돈 7만원이 생기는 셈, 그걸로 충분했다.

이제 대략적인 계획이 짜임새 있게 만들어졌다. 한 달 소비 가능한 돈은 60만원(하루 2만원 법칙), 그리고 경조사비 등 굵직한 '갑툭튀(갑자기 툭 튀어나온)' 지출은 최대 40만원으로 잡았다. 그리고 남은 나머지 월급 250만원은 모두 적금으로 직행했다. 통장에 입금됨과 동시에.

휴대전화 데이터 비용, 우습게 보지 마라

L이 명세서 하나를 불쑥 내밀었다. 지난 2년여 간의 통신비가 빼곡히 적혀 있는 종이였다.

"이게 뭐야? 고등학생 시절 통신비야?"

눈을 의심했다. L의 한 달 통신비는 3만원을 넘은 적이 없었기 때문이다. 21세기 IT 강국에 사는 열혈 30대 기자의 통신비라고 하기에는 지나치게 비현실적인 금액이 아닌가. 60대 할머니, 할아버지들의 효도폰을 쓰지 않고서야 가능한 금액이 아니었다.

L의 휴대전화는 S사의 휴대전화. 출시된 지 2년이 넘었지만 꽤 쓸 만한 스마트폰이다. 그때 L이 스마트폰 화면 위에서 깜빡이는 부채꼴 와이파이 무늬를 가리켰다.

"깜빡깜빡하는 이 표시 있지? 요게 돈 아껴주는 녀석이 될 수 있다는 걸 왜 우리는 잘 모를까? 생각해보면 우리는 와이파이존에서 살고 있다고."

L에게 통신비는 눈엣가시 같은 존재였다. '하루 2만원 법칙'을 꼬박꼬박 지켜도 매달 나오는 통신비 7~8만원은 자꾸만 예산을 초과하게 만들었다. 겨우 한 달 생활비 93만원을 맞춰놓으면 통신비가 7만원을 초과해 100만4,000원, 100만6,000원, 100만8,000원을 기록하기 일쑤였다. 100만에 달라붙은 꼬리표와 같았다. 처음에는 애교로 봐주려 했지만 시간이 지날수록 여간 신경에 거슬리는 것이 아니었다. 99만원대와 100만원대는 심리적으로 엄연히 달랐다.

결정적으로 그가 요금제를 바꾸게 된 계기는 전 여자친구 때문이었다. 스마트폰 앱 개발업체에 다니던 그녀는 스마트폰 세상에 밝았다. 각종 모바일 메신저에서 제공하는 '인터넷 전화'는 L에게 신세계를 열어주었다.

집에 도착하면 1시간가량을 '인터넷 전화'로 그녀와 통화했다. 세 달 뒤, 우연히 꼼꼼하게 뜯어본 통신비 명세서를 본 L은 깜짝 놀랐다. L에

게 주어진 음성통화 80분 중 10분
도 채 쓰지 않은 것이었다. L은
그 즉시 통신요금을 바꿨다. 음
성과 문자, 데이터가 가장 기
본적인 수준만 주어지는 최저
가 요금제로.

　현재 L의 요금제가 제공해주는 데
이터는 100MB뿐이다. 요금제를 바꾸기 전
과 후의 통신비 차이는 꽤나 컸다. 2년 전 통신비는 7만원가량. 7만원씩
12개월을 쓰니 84만원이 나왔다. 하지만 요금제를 바꾼 뒤부터는 3만원
씩 12개월, 36만원. 1년에 48만원을 아낀 셈이다. 슬프게도 '스마트폰 신
세계'를 열어준 그녀는 L에게 통신비 절약 비책만 알려주고 그렇게 떠
나갔다.

인생에 한 번쯤은 누구나 겪을 일, 내 평생 연봉에 대한 예행연습

이후 2년여 간의 여정이 이어졌다. 이 시간은 결론적으로 그가 1억원의 돈
을 모아 온진한 자기 십 마련을 끝낸 기간이다. 현재의 그는 '하루 2만원
재정'에서 벗어나 조금은 여유롭게 생활하고 있다. L은 지난 2년에 대해
이렇게 말한다.

　"또다시 그렇게 생활하라고 하면 못할 것 같아."

　포기한 것이 많았다고 했다. 외모에 관심이 많은 그는 대학생 시절에도 계절이 바뀔 때마다 브랜드 옷을 위아래 한 벌씩 쫙 뽑아 입었다. 아주 비싼 고가 브랜드까진 아니어도 나름 남방 왼쪽 가슴에 찍힌 로고를 따졌다. 죽창을 든 말 그림까지는 아니어도 자전거 탄 아저씨는 그려져 있어야 했다. 그런 L이 지난 2년간 산 옷은 여름용 티셔츠, 남방, 정장 바지 각각 한 벌씩이 다였다. 그간 사들여 놓은 옷을 우려 입었다고 한다.

종종 서러웠던 순간도 찾아왔다. 9월의 퇴근길, 동네 지하철역 앞에서 스포츠브랜드 R사 상품이 50% 세일 행사를 한다는 현수막이 눈에 들어왔다. 눈은 집 방향으로, 발길은 스포츠브랜드 가게로 향하는 '기현상'이 발생했다. 이미 몸은 가게 안에 들어와 있었다. 거의 180도로 꺾어질 듯한 목은 전시된 운동화 쪽으로 향해 있었다.

아뿔싸, 동공에 운동화 한 켤레가 꽂혔다. 수많은 생각이 머리를 스쳐 지나갔다. '운동화 엄청 예쁘네→하나 살까?→지금 내 여윳돈이 얼마나 남았지?→-5만원 정도니깐 8만원짜리 운동화를 사고 나면 +3 정도 되겠네→+3을 메울 수 있을까?'

머리를 스치는 생각들은 꼬리에 꼬리를 물고 '이 운동화가 정말 나에게 필요한가'라는 생각까지 흘러갔다. 이미 갖고 있는 운동화가 세 켤레였다. 낡은 감이 있긴 했지만 2년은 충분히 더 신을 수 있을 정도였다. L은 가게를 빠져나왔다. 시간은 30여 분이 흘러 있었다. 30여 분간 '혼자만의 싸움'을 이겨냈다는 뿌듯함보다는 옆에서 지켜봤을 점원이 마음에 걸렸다. 점원은 내 마음을 이해했을까? 그도 나와 같은 순간이 있었을까? 아니면 진만 빼놓은 '진상' 손님 중 1인으로 여겼을까? 속상했다.

하지만 L은 그 시간을 결코 후회하지는 않는다고 말한다. 대한민국의 청년이라면 인생을 살면서 언젠가 한 번쯤은 허리띠를 졸라매야 할 순간이 있을 것이고, 그런 순간은 분명 '이뤄야 할 목표'가 생겼을 때일 것이니 서러워할 필요가 전혀 없다고 말했다. 우리가 취업을 위해 밤 새워 100개, 200개의 취업지원서를 냈듯 '재정적인 목표'가 생겨 1만원, 2만원을 아끼는 것뿐이라는 것이다.

L은 "언젠가 한 번쯤 겪어야 할 일이라면 20대 후반, 30대 초반이 적절한 것 같다"라고 했다. 결혼, 집 마련 등 자극이 될 수 있는 목표가 명확해지는 나이이기 때문이다.

"나중에 아이가 생긴 뒤 내 아이에게 물려줄 수 있는 '건강한 소비 습관'도 만들어졌어. 지나치지도, 부족하지도 않을 습관들을 만들 기회가 된 것 같아. 뭐랄까? 내가 평생 벌 수 있는 돈을 대강 계산해보니까 현재 월급 수준으로만 따져보니 350만원×12개월×30년=12억6,000만원이더라고. 이 돈을 어떻게 쓰고, 어떻게 모아야 하는지에 대한 예행연습을 한 기분이랄까? 한 번쯤은 해봐야 할 일을 늦기 전에 해본 기분이기도 해."

 's TIP

내 집 마련,
시작은 이것부터!

1 '어디서 살까' 목표 설정부터 해라

내 집 마련을 위한 첫 번째 단계는 '어느 집에서 살까'를 결정하는 일이에요. 크게는 주택 유형과 평형, 지역, 가격을 정해야 합니다. 아파트, 빌라, 주택 중 어느 곳에서 살지 택한 다음 가족 수를 고려해 평형을 결정해야 해요. 또 직장과의 거리, 편의시설, 자연환경, 자금 여력 등을 고려해 지역과 원하는 가격대를 선택하는 거죠.

2 내 집, 애인 고를 때처럼 꼼꼼히 살펴라

내 집을 고를 때는 해당 지역의 교통부터 집 안 누수 문제까지 꼼꼼하게 따져봐야 해요. 우선 원하는 지역의 시세를 정확히 파악하는 것이 중요하죠. 시세가 내가 생각한 수준과 일치한다면 교통시설, 교육시설, 생활편의시설 등이 어느 정도 갖춰져 있는지도 살펴봐야 합니다. 교통이 편리한 역세권 아파트나 조망권이 우수한 집이면 더 좋겠죠. 집에서는 배수관과 하수도 위치, 보일러 작동 여부, 쓰레기 처리 방법, 누수 문제 등을 점검해야 해요.

3 내 집 마련 시드 머니는 어디에 모을까

대표적인 내 집 마련 금융상품으로는 주택청약종합저축이 있어요. 주택청약종합저축은 민간 건설사가 공급하는 민영주택과 국민주택기금으로부터 자금을 지원받아 건설하는 국민주택 등에 모두 청약할 수 있는 저축이에요. 저축 기간이 2년 이상이면 연 3.3%의 금리를 받을 수 있고, 연간 불입액의 40%(48만원 한도)까지 소득공제 혜택을 누릴 수 있어요.

비과세 상품을 통해 목돈을 마련하는 것도 한 방법이죠. LESSON 8에서 얘기한 것처럼 비과세 상품은 적금으로 돈을 불리기 힘든 저금리 시대에 수익률을 높일 수 있는 상품이에요. 대표적인 비과세 상품으로는 재형저축, 장기저축성보험 등이 있어요. 비과세 상품에는 가입자 요건과 비과세 혜택 요건이 따로 정해져 있으니 자세히 알아봐야 해요.

4 중도금 마련 대출은 이렇게

집을 거래할 때 계약금을 지급한 후부터 최종 잔금을 치르기 전까지 중간중간에 지불하는 돈이 있어요. 이를 '중도금'이라고 하죠. 종종 중도금을 마련하지 못해 애를 먹는 경우가 많아요. 이때 자주 찾는 것이 대출이죠. 여러 종류의 대출 중에서도 처음으로 집을 마련하는 사람에게 저금리로 대출해 주는 상품이 있어요. 바로 '내집마련디딤돌 대출'이에요.

대출 한도는 최대 2억원이며 대출 기간은 10년, 15년, 20년, 30년입니다. 무엇보다 유리한 조건은 대출 금리죠. 소득 수준과 대출 기간에 따라 연 2.8~3.6% 수준으로 일반 대출 금리보다 낮아요. 부부 합산 연소득이 6,000만원 이하인 무주택자는 내집마련디딤돌 대출을 받을 수 있어요. 생애 최초 구입자는 7,000만원 이하까지 확대 지원됩니다.

젊고 건강할 때 보험에 가입하라

아래의 □ 중 해당되는 항목에 체크하세요.
체크된 항목이 하나라도 있다면 LESSON 11을 꼼꼼히 읽어보세요.

□ 사고나 병에 대한 막연한 두려움이 있다

□ 자신의 이름으로 가입된 보험이 무엇인지 모른다

□ 매달 빠져나가는 보험금이 아깝다는 생각이 든다

□ 보험이나 연금을 반드시 가입해야 할 필요는 없다고 생각한다

이름 Y	**나이** 25세	**성별** 여
결혼 여부 미혼	**직업** 회계법인 2년 차 회계사	
연봉 4,000만원		
현재 자산 2,500만원		

명문대 출신 회계사 Y를 키운 '큰손'의 비밀

"봐봐, 내 말이 맞잖아. 요 계집애, 완전 내숭이야!"

H의 손을 끌고 컴퓨터실에 온 C가 가리킨 것은 Y의 미니홈피 사진들이었다. Y의 미니홈피엔 남자친구와 놀이동산에서 찍은 사진들로 도배가 돼 있었다. 츄러스를 입에 물고 한 장, 토끼 머리띠를 하고 한 장, 불꽃 아래에서 한 장. 모두 어젯밤에 올린 사진들이었다.

C 시험 전날 남자친구랑 놀이동산에 간 애가 어떻게 또 올 100점이냐고.

H 정말이네. Y도 진짜 대단하다. 근데 너 그거 몰라? Y, 강남에 있는 입시학원 다니면서 시험 문제 뽑아주는 족집게 과외도 받잖아.

C 어머, 진짜? 역시 돈이 좋다 좋아. 있는 집 자식은 좋겠다야.

시험 성적이 나오면 반 아이들의 시선이 Y에게 쏠렸다. 언제나 반 1등은 Y의 차지였기 때문이다. 부러움의 시선도 있었지만 대부분이 시기 어린 눈빛이었다. 평소 Y와 어울려 다니던 C와 H도 시험 성적표만 나오면 눈빛이 돌변했다. C와 H도 반에서 '공부 좀 하는' 축에 들었지만 매번 1등을 독차지하는 Y와는 성적 차이만큼 마음의 거리도 멀어졌다.

H의 말대로 Y는 성적 상위 1% 학생만 받는다는 강남 입시학원에 다녔다. 강북에 있는 학교에서 학원까지 가려면 지하철로 족히 50분은 걸렸다. 거리도 거리였지만 학원비도 만만치 않았다. 여기에 유명 학원강사가 적중률 99%로 시험 문제를 뽑아준다는 100만원짜리 족집게 과외도 받고 있었다.

이러니 Y의 집안 이야기는 시험 성적이 나올 때마다 따라붙어 다녔다. 그녀가 1등을 할 수 있었던 이유는 한 달 몇 백만원짜리 학원과 과외를 다닌 덕분이고, 몇 백만원을 낼 수 있는 집은 돈이 많은 집으로 통했다. C와 H를 비롯해 시기 어린 눈빛을 보내는 친구들 사이에선 '돈지랄 한다'는 소리가 나오기도 했다.

고3 때까지 이렇게 아슬아슬한 관계를 유지하던 세 사람은 수능시험을 친 뒤 오히려 편한 친구 사이가 됐다. 세 사람 모두 명문대학교에 합격하면서 시험과 성적으로 얽혔던 불편한 관계가 풀어졌다. 세 사람은 자주 만나 서로의 대학생활 이야기를 공유했다. 파스타를 앞에 두고 새로 산 가방을 자랑하기도 하고, 남자친구와 헤어진 친구를 위로하기 위해 소주잔을 기울이기도 했다. 이때마다 자연스럽게 계산서는 Y의 손에 들려 있었다.

연락이 뜸해진 건 대학교를 졸업하면서부터다. C는 공무원으로, H는 중소기업 연구원으로, Y는 회계사로 각자 첫발을 내디딘 후 사회생활에 적응하는 데 바빴다. 야근과 회식에 쫓기며 정신없는 신입사원 생활을 하고 있을 무렵이었다.

'까톡, 까톡.'

퇴근시간 30분 전 C의 휴대폰에 메시지가 왔다. 오랜만에 Y와 H가 단체대화방에서 메시지를 주고받고 있었다. Y의 어머니가 돌아가셨다는 내용이었다. C는 놀란 마음을 진정시키고 대학병원 장례식장으로 향했다. Y의 어머니가 잠들어 계신 장례식장에는 찬 기운이 맴돌았다. 너무 일찍 왔나 싶은 생각이 들 정도로 한산한 장례식장에는 Y와 할머니만 큰 방을 지키고 있었다. 한 발 늦게 도착한 H도 C와 같은 얼굴을 하고 안을 들여다보고 있었다. 먼저 친구를 챙긴 건 Y였다. 조문 후 곁에 다가온 친구들에게 Y는 덤덤한 표정으로 입을 열었다.

"갑자기 이런 연락해서 놀랐지? 엄마가 원래 많이 아프셨어. 아버지는 돌아가셨고. 그 이후로 엄마도 몸이 안 좋아지셨거든. 식구가 없어서 외할머니랑 나만 빈소를 지키고 있어. 이따 우리 회사 사람들 오면 좀 북적거릴 기야."

그날 밤새 장례식장을 지킨 C와 H는 미안함과 창피함으로 고개도 제대로 들지 못했다. 육개장을 한 입씩 떠넘기며 들은 Y의 사연은 쉽게 이해하기 힘들었다.

　Y의 아버지는 그녀가 세 살이 되기도 전에 교통사고로 돌아가셨다. 그 후 생계를 떠맡게 된 어머니는 누워 계신 날이 점점 더 늘어났다. 외동딸이었던 Y는 집에 들어가면 늘 혼자였고, 아무도 자신을 돌봐줄 사람이 없다는 사실에 더 열심히 공부했다. 그나마 다행인 건 집에 돈을 버는 사람은 없었지만 형편이 어렵지 않았다는 것이다. Y의 아버지가 교통사고로 돌아가신 후 보험금으로 3억원을 받은 덕분이었다.

　"보험금이 없었다면 내가 과연 대학까지 갈 수 있었을까? 아마 엄마 대신 아르바이트를 뛰며 생계를 꾸려나갔겠지. 아버지가 일찍 돌아가셨지만 결국 나를 키운 건 아버지였어."

소녀가장 Y의 보호자

발인이 끝난 뒤 세 사람은 Y의 집에 모였다. C와 H의 손에는 김치, 멸치볶음, 불고기 등 각종 반찬들이 들려 있었다. C가 반찬들을 냉장고에 넣는 동안 H는 보온병에 담긴 곰국을 그릇에 따랐다. 며칠 사이 수척해진 Y는 H가 건넨 곰국을 받아들고 목을 축였다. 한동안 말없이 Y를 쳐다보던 H가 정적을 깼다.

　"우리 휴가 내서 기분전환 겸 여행 다녀오지 않을래? 요즘 싼 비행기 표도 많은데 제주도 가서 바람도 쐬고 맛있는 것도 먹자."

　그로부터 일주일 뒤 세 사람은 김포공항에서 다시 만났다. 부푼 마음으로 제주도행 비행기에 몸을 실었다. 이번 여행의 주제는 렌터카를 이용한 맛집 투어. 20대 여자 셋이 어디까지 먹을 수 있나 시험해볼 참이었다.

흑돼지와 활어회, 갈치구이를 섭렵한 이틀째까진 순탄한 여행길이 이어졌다. 문제는 전복뚝배기를 먹으러 가는 와중에 일어났다. 대세 아이돌 엑소의 〈으르렁〉을 따라 부르던 세 여자의 노랫소리는 외마디 비명으로 바뀌었다. 세 사람의 몸이 앞으로 급격히 쏠린 뒤 쿵 하는 소리가 울렸다. 뒤늦게 신호를 발견하고 급브레이크를 밟은 앞 차와 부딪힌 것이다. 세 사람 모두 큰 외상은 없었지만 허리와 목에서 시작된 통증이 온몸으로 퍼져나갔다. 일단 병원으로 향했다.

C 엄마, 나 교통사고 나서 병원에 왔어.

H 응 아빠, 크게 다치진 않았어. 근데 이제 나 어쩌지?

세 사람은 병원에 오자마자 휴대폰부터 꺼내들었다. 울먹이는 목소리로 부모님과 통화하던 C와 H의 눈이 Y를 향했다.

"Y입니다. 제가 지금 교통사고가 나서 병원에 입원해 있어요. 손목 골질 부상을 입었어요. 어떻게 처리하면 될까요? 네, 알겠습니다. 진단서, 입원확인서 보내드릴게요. 잘 부탁드립니다."

Y가 냉정하고 차분하게 전화를 한 사람은 보험설계사였다. 처음으로 사고란 것을 접해 본 C와 H는 Y의 대담함에 엄지손가락을 추켜올렸다.

Y는 덤덤하게 읊조렸다. "지금 내 보호자는 보험이나 마찬가지니까."

Y는 대학에 입학한 뒤 성인이 되자마자 '보험 재테크'를 시작했다. 아버지의 보험금으로 자라난 그녀가 생애 첫 재테크로 보험을 택한 것은 어쩌면 당연한 일이었다. Y의 재테크는 제1의 목적이 '돈 불리기'인 주변 친구들의 재테크와는 좀 달랐다. 그녀는 생각보다 불행이 가까이 있다는 것을 알고 있었다. 어렸을 때 아버지를 교통사고로 잃었고 건강하던 어머니가 평생 누워 지내시는 것을 지켜봤다. 돈을 불리는 것도 중요하지만 불행이 다가왔을 때 가진 돈을 지키는 것도 중요하다는 사실을 몸소 체험한 셈이다.

보험금으로 자란 Y에게도 처음 시작한 보험 재테크는 어려웠다. 상해보험, 암보험, 건강보험, 종신보험, 의료실비보험, 연금보험, 변액연금보험, 변액유니버셜보험 등 보험의 종류도 많았지만 만기환급금, 납입만기, 중간 해지 절차 등 보험설계서 내용도 이해하기가 힘들었다. 그랬던 그녀가 5년 만에 '보험의 달인'으로 변신했다. 설계서도 볼 줄 몰랐던 초보자가 달인의 경지에 오른 비결은 총 네 가지였다.

두 마리 토끼를 잡아라

일단 왜 보험이 필요한지 생각했다. 아버지가 그랬던 것처럼 삶에 위험이 닥쳤을 때 손해를 보지 않도록 돕는 '안전장치용 보험'이 가장 먼저 떠올랐다. 안전잔치용 보험은 암 관련 보험, 사망 시에 받는 종신보험, 각종 사고에 관련된 보험 등으로 구성돼 있다.

건강한 20대 초반의 Y에게 당장 필요한 건 사고에 대비할 수 있는 보험이었다. Y는 각종 사고나 질병 등으로 병원을 찾았을 때 병원비를 상당 부분 보장해주는 '의료실비보험'에 가입했다. 지금까지 매달 55,000원가량을 보험료로 내고 있다. 내가 쓸 병원비를 지원해 줄 이 안전장치는 잠재된 위험을 위한 재테크였다.

생각보다 보험을 이용할 일은 빨리 찾아왔다. 대학교 4학년 때, 토익 시험을 치러 가다 얼음판에서 미끄러져 어깨뼈가 골절됐다. 골절상으로민 총 80만원을 받았다.

취업에 성공하자 보험이 필요한 이유가 하나 더 생겼다. Y에게도 수입이 생기면서 돈을 모으고 불리는 재테크도 시작해야 했다. 대표적인 저축용 보험인 '연금저축보험'과 투자용 보험인 '변액유니버셜보험'에 가입하고 목돈 마련에도 돌입했다.

　　연금저축보험은 노후에 돈을 받는 연금 기능에 세제 혜택이 더해진 상품이다. 연금저축보험이 '안전'에 중점을 둔 상품이라면 변액유니버셜보험은 '투자'에 무게를 실었다. 변액유니버셜보험은 높은 수익률을 원했던 Y에게 더 잘 맞는 상품이었다. 펀드에 투자해 일반 저축보험보다 위험성은 높지만 공격적인 투자가 가능했다. Y는 연금저축보험에 매달 26만원씩 10년간 넣어 65세 이후부터 매달 91만원(연복리 3.5% 가정)씩 받을 수 있도록 했다. 변액유니버셜보험에는 월 30만원씩 모아 노후 보장과 목돈 마련이 가능하도록 운용했다. 가입 당시의 이율 5%를 기준으로 10년을 모으면 원금은 3,500만원, 이자는 660만원 정도가 붙었다.

　　이처럼 그녀의 보험 재테크는 '투트랙 전략'으로 진행되고 있다. 불행이 닥쳤을 때 극복할 수 있도록 도와주는 '안전장치용'과 돈을 불려나가는 '저축용'으로 보험을 설계했다. 보험 상품으로 손해 예방과 목돈 마련, 두 마리 토끼를 잡은 셈이다.

　　"위험이 찾아왔을 때 내 돈을 지키는 것도 중요한 재테크야. 그렇다고 열심히 돈을 모아야 하는 사회초년생이 목돈 만드는 재테크를 포기할 수는 없지. 이 두 가지 재테크가 가능한 것은 보험뿐 아닐까. 보험 재테크의 첫걸음은 내게 필요한 게 무엇인지를 아는 거야. 수많은 상품들 중 네게 필요한 보험을 찾는다면 보험 재테크의 절반은 성공한 거야."

일찍 일어난 새가 벌레를 잡는다

"우리가 회사에서 정년까지 살아남을 수 있겠어? 김 부장님은 잘 지내시려

나. 애들은 또 어떻게 키우실까. 에휴, 난 일 그만두면 뭐 먹고 사냐? 이래서 다들 돈 많은 남자 찾나 보다.”

공포의 히스테리 상사인 34세 우 과장의 푸념은 끝이 없었다. 김 부장이 회사의 압박에 못 이겨 희망퇴직한 후 우 과장의 히스테리와 푸념은 더 심해졌다. 이해는 됐다. 김 부장은 우 과장의 사수인 동시에 8년간의 직장생활을 함께 이겨낸 동료였다.

우 과장이 Y와 함께 연금저축보험에 가입한 것도 이 무렵이었다. 우 과장의 히스테리가 극에 달했을 당시 회사에 보험 가입신청서가 배달됐다. 인사부 차 부장의 아내가 보낸 보험 가입신청서 뭉치였다. 차 부장의 아내는 보험회사에 다니고 있었다. “필요한 사람만 가입해”라는 차 부장의 말은 곧 ‘내 와이프가 실적을 올려야 하니 너넨 닥치고 공란을 메워라’라는 뜻이었다.

우 과장 또야? 저 염치없는 인간. 차 부장 와이프는 대체 그 보험사 언제 그만둔다니? Y씨는 뭐 가입할 거야?

Y 안 그래도 저축용 상품 하나 가입하려고 했는데 잘됐어요. 과장님도 이왕 하시는 거 필요한 상품으로 하세요.

우 과장 그래야지. 나도 언제 잘릴지 모르는데 Y씨랑 같이 노후 대비용 연금저축보험이나 들지 뭐.

잠잠해졌던 우 과장의 히스테리가 다시 시작된 것은 그로부터 일주일 뒤였다. 차 부장의 아내가 보낸 보험증권(보험 계약 성립을 증명하는 문서)이

회사에 도착했다. 본인의 보험증권과 Y의 것을 번갈아 보던 우 과장의 목소리가 커졌다.

"왜에? 왜왜? Y씨랑 나랑 똑같은 거 가입했는데 왜 내가 연금을 덜 받는 거야? 대체 왜?"

우 과장은 Y와 똑같은 연금저축보험에 가입했다. 매달 26만원씩을 10년에 걸쳐서 넣는 것까지는 같았다. 하지만 65세부터 두 사람이 받는 연금은 17만원이나 차이가 났다.

이유는 '나이'에 있었다. 두 사람의 연금 차이는 이자가 붙는 '가입 유지 기간'에서 비롯됐다. 우 과장과 Y는 10살 차이로 65세가 될 때까지 우 과장은 31년, Y는 41년이 남았다. Y는 우 과장보다 이자 붙을 시간이 10년이나 더 긴 셈이다.

보험은 일찍 가입할수록 유리하다. 20세가 월 보험료를 10만원씩 내고 100세까지 80년 동안 보장받는다면 40세는 월 보험료를 20만원씩 내고 60년 동안 보장받을 수 있다. 보험료는 2배로 늘지만 보장 기간은 20년이나 줄어드는 셈이다.

우 과장이 자리에 앉아 궁시렁거리는 소리가 인턴사원 자리에까지 들렸다.

"나이 먹은 것도 서러운데 돈은 돈대로 더 내야 해? 아니, 내가 스무 살 때 이런 사실을 알았냐고! 아오, 열 받아!"

보험도 타이밍이다

"아깝다, 아까워. 으이그, 술만 그렇게 안 마셨어도."

생애 첫 보험을 가입하고 들뜬 C에게 찬물을 끼얹은 건 Y였다. Y의 추천으로 안전장치용 보험에 가입한 C는 뿌듯한 마음으로 약속 장소로 향했다. 오랜만에 만난 Y와 H는 아니나 다를까 직장 상사의 뒷담화부터 시작했다.

직장 상사를 별다방 테이블에 올려놓고 한참을 도마질하던 세 사람은 최근 호감이 가는 남자 이야기로 화제를 전환했다. 관심 남성을 머리부터 발끝까지 스캔한 것 같은 자세한 묘사가 끝나자 자연스럽게 이야기는 재테크로 넘어갔다. 재테크 얘기만 나오면 입을 꾹 다물었던 C가 하이톤의 목소리로 치고 나왔다.

"나 어제 '안전장치용 보험' 가입했다!"

한동안 말이 없던 Y가 한숨을 내뱉으며 말했다.

"너 생일이 9월 14일 아니야? 근데 3월 14일 어제 가입했다고? 으이그 인간아, 하루만 더 일찍하지."

Y는 '고작 하루 차이'라고 했다. 보험에서 '고작' 1일이 무슨 차이라는 것인가? 보험 나이는 해가 넘어갈 때마다 세는 일반 나이와 다르다. 보험에서는 생일을 기준으로 앞뒤 6개월을 더해 1년을 계산한다. C의 나이는 2012년 9월 14일 지난해 생일을 기준으로 6개월 이전인 2012년 3월 14일부터 6개월 후인 2013년 3월 13일까지를 1년으로 친다. 2013년 3월 14일에 한 살을 더 먹게 되는 것이다. 13일에만 했어도 한 살 더 어린 나이의 혜택을 받을 수 있었다. 전날 이태원 클럽에서 신 나게 저녁을 보낸 C는 술과 함께 보험 나이도 먹어버린 셈이다.

Y 보험계약서에 가입 일시는 언제로 썼어? 당연히 가입할 당시로 했겠지?

C 가입 일시? 아, 보험설계사가 처리하기까지 시간이 좀 걸린다고 해서 하루 미뤘지. 그러면 안 되는 거였어?

Y 당연하지. 연애 얘기할 때는 그렇게 타이밍, 타이밍 노래를 부르던 애가 왜 이래? 보험도 타이밍이야. 혹시 또 타이밍 놓칠 수도 있으니 미리 얘기해줄게. 2014년 6월부터 청약 철회하고 싶으면 30일 안에 신청해야 돼. 첫 보험료를 낸 날로부터 30일 안에 청약 철회를 신청하면 별다른 사유가 없어도 낸 돈을 다 돌려받을 수 있어.

'밀당의 고수' 보험, 밀기 전에 잡아라

보험의 세계에서 나이는 곧 돈이다. 젊고 건강할수록 유리한 것이 바로 이 보험의 세계다. 보험은 젊고 건강한 20대들에게 손을 내밀지만 막상 이 손을 잡는 20대는 많지 않다. 젊고 건강하니까. 막상 나이를 먹어가며 건강이 악화된 후에는 보험의 필요성을 절실히 느낀다. 하지만 그땐 보험이 내민 손이 사라진 후다.

"이렇게 보면 보험 같은 밀당의 고수도 없지. 내가 아버지의 사망 보험금으로 자라지 않았다면, 어머니가 아프지 않았다면 보험은 생각하지도 못하고 살았을 거야. 불행이 너무 쉽게 찾아온다는 걸 직접 겪었으니 보험이 당길 때 손을 잡은 거지. '돈을 불리는 것만큼 손해 보지 않는 것도 중요하다'고 생각한다면 지금 보험이 내민 손을 잡아."

 **'s TIP**

보험,
이것만은 알고 가자

1 수많은 보험 상품, 간단하게 정리할 수 있다

보험 상품의 종류는 크게 생명보험, 손해보험, 제3보험으로 나뉩니다. '생명보험'은 사망하거나 중대한 질병이 발병했을 시 약정한 보험금을 지급하는 보험이고, '손해보험'은 사고로 손해가 발생했을 때 그 손해액을 보장해주는 보험이죠. '제3보험'은 생명보험과 손해보험, 어느 한쪽에 포함되지 않는 상품이에요.

보험 상품의 특성에 따라 보장성 보험과 저축성 보험으로도 구분할 수 있어요. 보장성 보험은 위험 보장에 중점을 둔 안전장치 상품이고, 저축성 보험은 저축 및 투자에 무게를 실은 상품입니다.

2 기본적인 보험 용어는 알아두자

일반적으로 보험 계약의 당사자는 계약자, 보험대상자(피보험자), 수익자로 구성됩니다. '계약자'는 보험을 계약한 사람이고, '보험대상자'는 말 그대로 보험 사고의 대상이 되는 사람입니다. '수익자'는 사고 발생 시 보험금을 받는 사람이죠. 참고로 본문에 나왔던 보험설계사는 보험 회사에 소속돼 계약 체결을 중개하는 사람이에요.

　계약일자와 만기일자는 계약을 체결한 날짜와 계약이 만기되는 날짜를 말합니다. 납입주기는 월납, 분기납 등 보험료를 납입할 주기를 이야기하는 것이죠.

3 보험료, 얼마를 내야 할까?

과유불급過猶不及. 보험료는 부담이 되지 않는 수준이어야 해요. 불행에 대비하기 위한 보험 때문에 현재 생활이 어려워진다면 가입하지 않는 것이 낫겠죠. 또 2개월 이상 보험료를 내지 못하면 보험이 실효(효력 상실) 상태가 돼요. 가입 전 장기간 보험료를 감당할 수 있는지 꼭 따져봐야 해요.

4 중간에 깨면 손해 본다

보험은 장기간 유지하는 게 좋습니다. 특히 저축성 보험의 경우 장기간 유지하지 않으면 손해를 볼 수 있어요. 중간에 해지하면 원금보다 적은 해지환급금을 받게 될 뿐만 아니라 각종 세제 혜택도 누릴 수 없죠. 해지환급금은 계약 해지 시 계약자에게 돌려주는 돈을 말합니다.

5 속이면 더 큰 화를 부른다

보험에 가입할 때 보험회사에 현재나 과거의 질병, 사고, 직업 등 '고지사항'에 대해 알려야 해요. 보험회사는 이를 기준으로 가입 여부와 보험료 등을 결정하죠. 고지사항을 제대로 알리지 않을 경우 보험회사는 보험금을 주지 않고 계약을 해지할 수 있어요.

RICH
ENDING

저자 둘 중 한 명의 이야기

"오늘은 내가 쏠게!"

오늘도 역시 통 크게 "내가 쏠게"를 외치는 J. 집에 들어가서 이불을 팡팡 걷어차며 후회할 것을 알면서 그녀는 이번에도 "내가 쏠게"를 외쳤다. 카드 값이 결제되는 매월 1일 이후부터 15일까지는 다소 살림살이가 넉넉한 시기, J의 "내가 쏠게"는 입버릇이다. 오늘도 마찬가지였다. 절친의 생일 파티에서 치킨과 맥주를 마시고 일어나려는 찰나, 그사이를 못 참고 J의 입에선 또 '그 말'이 튀어나왔다.

계산대에서 선뜻 신용카드를 내민 J. 카드를 긁은 점원의 눈빛이 미세하게 떨린다. 입꼬리가 조금 올라가는 듯하더니 난처한 표정을 지으며 J의 눈을 바라본다.

"손님, 혹시 다른 카드 없으세요?"

젠장. 이번에도 또다. 얼른 뒤를 돌아봤더니 친구라는 인간들은 이미 밖으로 나간 상태다. 점원에게 불쌍한 표정으로 어필한 뒤 서둘러 나가 친구들을 부른다.

"얘들아, 나 또 한도초과래. 미안!"

서울 신사동 가로수길의 중심에서 '한도초과'를 외치는 J는 오늘도 이렇게 신용카드 앞에서 체면을 구겼다. 남들이 들으면 신용카드를 한 300만원은 긁어서 한도를 넘긴 것 같겠지만 J의 신용카드 한도는 고작 100만원이다. 이마저도 할부 거래를 한 내역을 제외하면 쓸 수 있는 범위는 60~70만원 선. J를 '할부 인생', '한도초과 인생'으로 만든 것은 신용카드였다. 아니, 어쩌면 J 스스로였는지도 모른다.

첫 경험은 25세 기자생활 1년 차 때였다. 이때까지만 해도 부모님께 월급 관리를 맡기고 용돈을 받아썼던 J는 '재정적인 독립'을 외쳤다. 독립과 신용카드가 무슨 상관이겠냐마는 왠지 신용카드를 만드는 순간 재정적으로 철저히 독립한 '어른'이 되는 것만 같았다. 그래서 J는 신용카드를 그렇게도 찾았나보다.

처음엔 신용카드를 용돈으로 활용하자는 마음이었다. 어디서 주워들은 것은 있어 '신용카드의 위험성' 정도는 알고 있었기 때문이다. 매월 1일 급여통장에서 카드 값이 빠져나가도록 한 뒤 한도금액은 60만원으로 정했다.

평소 한 달 용돈으로 70만원 이상을 쓰던 J는 신용카드 한도가 60만원이면 되레 아껴 쓰는 것이란 말도 안 되는 논리를 갖고 있었다. 신용카드 사용을 반대하셨던 부모님은 J의 논리를 (당연히) 이해하지 못했다. J의 고집에 결국 부모님이 손을 들었다. 원래처럼 월급은 부모님이 관리하고, 용돈을 주는 대신 카드 값을 내 주기로 했다. 조건은 '네가 정한 신용카드 한도 60만원을 넘기지 말 것'이었다. 신용카드에 눈이 먼 J는 부모님의 제안에 무조건 "OK!"를 외쳤다.

J의 신용카드 생활은 그렇게 시작됐다. 그녀는 신용카드 사용 15일째에 첫 '한도초과'를 경험했다. 이상했다. '그저 밥 몇 끼 먹었을 뿐인데 왜 한도초과가 됐지?' 마음이 다급해진 J는 은행을 찾아가 한도를 10만원 올렸다. 그리고 3일 뒤. 앗! 남자친구의 생일이 다가오는데 더 이상 쓸 수 있는 돈은 없었다. 다시 은행을 찾아간 J는 한도를 '통 크게' 30만원 올렸다. 어차피 남자친구 선물을 할부로 산다면 한 달 용돈에서 크게 벗어나지 않을 것이란 생각이었다. 할부 거래에 눈을 뜬 첫 순간이었다. 그렇게 신용카드 생활 6개월 뒤, J의 한도는 160만원이 되어 있었다. 한 달 카드 값은 110만원 안팎을 오갔다. 그 사이 J는 '한도초과' 네 번을 경험했다.

카드 값을 내 주시던 부모님은 기어코 폭발하셨다. '신용카드 내놔라', '못 내놓는다'의 지루한 싸움이 시작됐다. 한 달간의 냉전 기간을 거쳤다. 결국 신용카드 한도를 100만원으로 정하는 선에서 날선 공방은 마무리됐다. 이때 J의 생각은 이랬다. '조금 모자라면 다시 한도를 늘리면 되지 뭐.' 단단한 착각이었다.

어김없이 J에겐 위기가 찾아왔고 다시 은행을 찾은 J는 이전과는 달리 퇴짜를 맞고 뒤돌아섰다. J는 몰랐다. 카드 한도를 한 번 내리는 순간 다시 올리기 어렵다는 사실을. 이후 J에게 한도초과는 일상이 됐다.

닭똥집 튀김을 먹으며 '서른살의 통장'을 논하다

서른을 6개월 앞둔 지난해 여름, 사회생활 머리는 굵어졌지만 통장은 '백치미'를 뽐냈다. J의 경제관념도 여전히 청순했다. 일에 집중한다는 이유로 월급통장을 들여다볼 생각도 하지 않았다. 저축엔 관심이 없으면서 소비에 나가는 손과 발은 빨랐다. 예상에 없던 지출의 '기습공격'엔 속수무책이었다.

J의 통장 하복부를 강타한 것은 지난해 여름휴가에서 발생한 렌터카 사고였다. 꼬불꼬불한 지리산 자락을 '완벽하게' 운전한 뒤 펜션 주차장에 도착했을 때 일은 벌어졌다. 후진을 하다가 옆에 주차된 차의 옆면을 박아 버렸다.

잠시 눈을 끔벅끔벅하니 어느새 차 주인은 J의 옆에 와 있었다. 가족들과 여름휴가를 온 30대 중반의 아저씨, 마음씨 좋게 보였던 그 아저씨는 자신의 차 아래 언저리를 가리키며 이렇게 말했다.

"아이고, 차 옆문이 완전히 다 나갔네. 문 한 짝에 1,000만원은 족히 나갈 텐데……."

헐. 차를 산 지 족히 5년은 지난 듯 녹까지 슬어 있는 자동차 옆문의

'상처'들까지 고스란히 J가 껴안게 됐다. 재수가 없어도 더럽게 없었다. 문 한 짝에 1,000만원은 개뿔. 국산 승합차가 그사이에 수입차로 변신이라도 했단 말인가.

아저씨는 합의금으로 100만원을 요구했다. J는 코웃음을 치며 "보험으로 처리하자"고 외쳤다. 하지만 J의 차가 아닌 렌터카였다. J는 이쪽에서도 을, 저쪽에서도 을. 렌터카 업체에서도 60만원을 요구했다.

아, J의 마음의 상처는 누가 치료해줄 것이란 말인가! 일시불로 60만원을 긁은 J의 신용카드 한가운데엔 구멍이 났다. 이후 J의 한 달은 안 봐도 뻔한 일이었다.

"그때서야 정신이 번쩍 들더라. 나이 서른이 다 되어가도록 비상금 60만원이 없어 허덕일 줄은 몰랐던 거지."

부모님이 월급을 관리해주고 있다는 핑계 하나로 덮기엔 무책임한 일이었다. 팔은 언제나 안으로 굽어야 했거늘 '내 카드'는 자꾸만 밖으로 나갔다.

J를 위로하기 위해 대학로 닭똥집 튀김 가게에 모인 대학 동기 둘은 J의 어깨를 두들겼다. 다들 비슷비슷한 족속들이었다. 한 친구는 한 달에 1만원씩 모으는 동기 계비가 밀려 이미 15만원이 연체돼 있었고, 나 홀로 서울생활 중인 또 다른 친구는 전기세, 수도세, 통신비 내기에도 벅차했다.

'계비 15만원 연체녀'는 엔터테인먼트업계에 종사하는 탓에 술값, 커피 값, 저녁 식사비 등 커뮤니케이션 비용으로 월급의 절반이 나갔고, '서울생활 그녀'는 연극 PD로 일하며 워낙 짠 월급을 더 짜게 아껴 쓰는 중이었다. J는 다들 알다시피 청순한 경제관념을 자랑하고 있었다.

닭똥집 튀김 반접시를 추가 주문한 뒤 동시에 터지는 한숨. 소주 한 잔씩 들이킬 때마다 한숨은 더 깊어졌다. 폐 끝을 지나 대장 끝자락에서부터 올라와 입 밖에서 터졌다.

계비 15만원 연체녀 예전에 우리가 했던 말 기억나? 빨리 서른이 되었으면 좋겠다고. 서른이면 그때보다는 안정적인 생활을 하고 있을 줄 알고 말이야.

서울생활 그녀 스물네다섯 살 때였나, 그랬었지? 대학교 3, 4학년 누구는 취업이 되어서 졸업식장에 당당히 참석하고 누구는 졸업을 뒤로 미루고 추석이나 설날 명절에도 토익책이랑 씨름하던 그때. 그때만 해도 서른살은 남의 나라 이야기였지. 그때 꿈꿨던 서른은 이랬었나봐. 남자친구가 모는 자동차를 타고 근사한 레스토랑에 가서 맛있는 음식도 먹고, 그날 회사에서 일어난 일에 대해서 도란도란 이야기도 나누고 말이지.

J 그런데 지금 우리는 그때 꿈꾸던 그 모습 맞나? 직장도 있고 사회생활 머리도 커졌지만 왜 이렇게 허한 걸까? 난 정말 내 서른살의 통장이 이렇게 존재감 없는 물건이 될 줄은 몰랐어.

계비 15만원 연체녀 물론 돈이 전부는 아니지만 후회되는 포인트는 있지. 조금만 계획을 갖고 소비하고 저축할걸. 조금만 재테크에 눈을 돌려볼걸. 조금만 일찍 아끼는 습관을 길러볼걸. 이놈의 '조금만'이 문제야.

J 내가 경제 매체에서 활동하다 만나게 되는 사람들을 보면 '왜 난 일찌감치 그들과 같은 생각을 하지 못했을까?' 하는 후회가 들더라고. 나는 경제를 책으로 공부했다면 그들은 이미 몸으로 부딪혀 자신의 것으로 만들어 놓은 거야. 내가 매일 주식 기사, 재테크 기사를 쓰면 뭐하나 싶더라니깐. 내게 재테크가 일이라면, 그들에게 재테크는 이미 뼛속 깊이 새겨진 습관이자 생활이었지. 난 헛똑똑이야, 헛똑똑이.

서울생활 그녀 정말? 그런 사람들이 있어? 우리 나이에? 난 그런 사람들 책이나 잡지에서만 봤는데?

J 우리 주변에 그런 사람들이 은근히 많아. 다만 우리가 자세히 물어본 적이 없어서 모를 뿐이지. 솔직히 내가 어느 정도로 어떻게 아낀다는 얘긴 잘 안 하게 되잖아. 눈물을 머금고 값비싼 물건을 산 이야기는 해도, 눈물을 머금고 허리띠를 졸라맨 이야기는 안 하는 분위기니까. 아끼는 얘길 하면 왠지 구질구질해 보이진 않을까 하는 생각이 먼저 들고 말아. 어쨌든 취재차 우연히 알게 된 그들의 통장 이야기는 꽤 짜릿했어.

그렇게 서른살의 통장 '속살' 엿보기가 구체적으로 진행됐다. 갓 스무살이 지나서부터 혹은 첫 월급을 받아든 뒤부터 서른까지 적게는 4년, 길게는 10년 동안 익어온 서른살의 통장. 처음엔 누구나 '0'으로 시작했지만 비슷한 시간이 흐른 뒤 누군가의 통장은 토실토실하게 살이 올라 있고, 누군가는 이제 갓 열매를 맺기 시작했다. 또 누군가는 살찔 틈도 없이 의도치 않은 통장 다이어트 중이다.

'핫'한 통장이 아니어도 좋았다. 조금은 서툴러도 괜찮았다. 누구나 그러하니깐. 자신만의 확고한 방식으로 서른살의 통장을 향해 달려 나가고 있는 사람들을 찾았다. 특별하거나 유명하지 않아야 했다. 우리가 그러하므로.

생각보다 이들을 추려내는 일이 쉽지는 않았다. 다행스럽게도(?) 우리 주변엔 '나'와 같이 지름신이 자주 내려앉는 이들이 많았고, 할부 인생의 수레바퀴에서 벗어나지 못하는 사람들도 숱하게 있었다.

취재를 통해 알게 된 알찬 '시드 세대' 10여 명을 추려냈다. 이들의 재테크 방법과 절약 습관에 대해선 커다란 줄기만 알고 있었을 뿐 속속들이 들여다본 상황은 아니었다. 이들에게 다시 전화를 걸어 약속을 잡았다. 지금까진 묻기에도, 답하기에도 다소 껄끄러웠던 질문들을 던졌다.

"어디까지 아껴봤니?"

"서른살의 통장 재테크 비법은 도대체 뭐야?"

"스무 살에 어떻게 그런 생각을 하게 된 거야?"

"첫 월급은 얼마나 받았어?"

"네 통장, 적나라하게 다 보여줄 수 있어?"

그들의 통장 속살, 비하인드 스토리

소개팅 마니아의 34세 '매력 발산'

가장 먼저 만나본 시드 세대는 '소개팅 마니아' L('LESSON 10. 내 집 마련 2만원부터 시작하라'의 주인공). L은 대학 시절 함께 모여 소위 '언론고시'를 함께 준비하던 스터디 멤버 중 한 명이었다. 그때부터 L은 남달랐다. 재테크가 아닌 소개팅에 촉이 발달해 있었다. 스터디원들의 연애 상담은 당연히 모두 L의 몫이었다.

다시 만난 34세의 L은 아저씨가 되어 있었다. 스터디를 자주 하던 여대 앞 파닭집, 장소는 그대로인데 세월은 우리들에게만 찾아온 듯했다.

L과 한참 동안 '응답하라 2007' 드라마 한 편을 찍었다. 스터디할 때 누가 누구와 눈이 맞았냐느니, 그 오빠는 지금 뭐 하냐느니 어느 모임에서나 할 법한 추억여행이었다. 슬쩍 L에게 물었다.

"맞다! 집 샀다며?"

L은 거리낌이 없었다. 집을 사기까지 어떻게 노력을 했는지 자신만의 노하우를 고스란히 뱉어냈다. '매일 2만원 쓰기' 운동을 표시해 놓은 수첩도 파닭 옆에 펼쳐졌다. 보여 달라는 요청을 하기도 전이었다. 그렇게 첫 번째 통장 속살은 어쩌면 '시시하게' 공개됐다. 그렇다고 L의 수첩이 쉽게 모습을 드러낸 것은 아니었다. L은 사회초년생들에게 메시지를 전달하는 일에 적극 동참하길 원했다.

"사실 예전엔 이 수첩을 누군가가 쳐다보기만 해도 뜨끔했어. 뭔가 나의 치부를 드러내는 것만 같은 느낌이었지. 결국은 돈 아끼는 모습이 창피했던 거지 뭐. 그런데 지금은 마음이 달라졌어. 하나의 '상장' 같다고나 할까? 내 스스로가 만들어낸 상장. 이 수첩 하나로 나는 집을 얻은 셈이잖아."

여전히 소개팅에 열을 올리는 L이지만 분명 27세 때와는 달라져 있었다. 자기 힘으로 집을 장만했다는 사실, 그 뒤에는 꼬질꼬질한 수첩에서부터 자신감이 묻어 나왔다. 그래서일까? 일찌감치 L을 잡지 못한 것에 후회가 드는 건. 이제 와서 L에게 관심을 보이는 건 너무 속보이는 걸까? 그.렇.다.는 답이 나왔고, 마음을 고이고이 접어 파닭과 함께 삼켜버렸다.

공 선배 '이름값' 하다

공 선배를 '공짜 저녁'으로 유혹했다.

"선배, 선배네 회사 바로 밑에 파니니 샌드위치로 유명한 집이 있더라고요. 거기서 만날까요? 제가 살게요."

공 선배는 1초도 망설이지 않고 답했다. "그래."

그는 쉬운 남자였다. 공짜 이벤트로 월급의 80%를 저축하고 100% 저축이 목표라는 공 선배('LESSON 9. 공짜학개론'의 주인공). 그런데 2시간 뒤 공 선배에게 한 번 더 메시지가 왔다.

"그런데 한 명 더 데리고 가도 되니? 근처에 아는 선배가 한 분 계신데, 나보다 더 도움이 될 거야."

나쁠 건 없었다. 여러 명의 이야기를 한 자리에서 들을 수 있다면. 약속한 시간이 되었다. 공 선배와 덩치 큰 또 한 명의 선배가 도착했다. 공 선배는 그를 '나보다 더한 놈'이라고 소개했다. 미리 시켜둔 파니니 샌드위치 3인분과 음료가 도착했고 이야기는 꽃을 피웠다.

공 선배에 앞서 덩치 선배가 대화를 이끄는 듯했다. "최근에 재테크가……"부터 시작해 최근 일본에서 시청률이 높다는 드라마 이야기까지 이어졌다. 나중엔 "요즘 보험은……"으로 대화가 넘어갔다. 그중 우리가 듣고 싶었던 이야기는 단 1%도 없었다. 덩치 선배는 자신의 이야기보단 최근 추세가 어떻다느니, 요즘엔 이렇게 돈을 번다느니 포털사이트에서 접할 법한 이야기를 늘어놓았다. 그러다 문득 덩치 선배의 정체가 궁금해졌다. 그러고 보니 그는 자신의 이름과 직장을 밝히지 않은 채 1시간을 떠들고 있었다.

"근데 선배는 무슨 일 하세요?"

정체를 묻는 질문에 움찔한 덩치 선배.

"아, 저요? 근처 보험사 다니는데 사실 저녁 얻어먹으러 왔어요. 하하하!"

호기롭게 가르치던 모습은 어디로 가고, 공짜 저녁에 눈 먼 남정네가 앞에 앉아 있었다. 그는 "이거 제가 계산 안 해도 되는 거 맞죠?"라며 의자에서 엉덩이를 떼었다. "여기 선불제예요"라는 대답은 하지 않았다. 그저 미소만 띠워 보냈을 뿐.

공 선배는 주변 인물을 데려다 공짜 저녁을 함께 먹으려는 심산이었다. 나중에 이 일을 미끼로 덩치 선배에게 또 다른 공짜 저녁을 얻어먹을 지도 몰랐다. 공 선배를 째려보기도 전에 파니니 샌드위치 옆으로 두꺼운 문서 하나가 툭 떨어졌다. 공 선배가 그간 아껴 온 금액 현황과 통장 내역, 이벤트 당첨 노하우가 적힌 문서였다. 째려보려던 눈길을 아래로 구부려 눈웃음을 지어보였다. 그리고 손에 문서를 들었다. 역시 공 선배의 공짜 노하우는 소문대로였다. '이름값' 제대로 했다.

도도했던 대기업 직구녀

사회생활에서 만난 해외 직구녀 T('LESSON 4. 샤넬백은 죽어도 포기 못한다면 해외 직구를 이용하라'의 주인공)는 오랜 기간 공들인 취재원이다. 해외 직구 취재를 위해 미국 출장을 떠나기 전, 주변에서 해외 직구에 열광하는 사람을 우선 만나야 했다. 그때 남몰래 귀띔 받은 사람이 바로 T였다. 대기업 홍보팀 직원으로부터 "우리 회사 인사팀에 직구녀로 소문 난 여성이 있더라"란 제보를 받은 것이다. 다짜고짜 러브콜을 보냈다.

도도한 표정에 킬힐을 신고 등장한 T는 역시나, 온몸에 명품을 휘감고 있었다. 샤넬백에 프라다 안경까지. 하지만 그녀는 자신의 존재를 부정하기 시작했다.

"어머, 해외 직구라뇨? 그게 뭐죠? 난 그런 거 모르는데……. 뭘 잘못 알고 오셨나 봐요. 옷호호호."

이때 느꼈다. 아, 이 여자는 나와는 다른 부류의 사람이구나. 경보음이 울렸다. 멀리 해라. 멀리 해라. 하지만 취재를 위해선 어쩔 수 없었다. 기자가 철저한 '을'이 되는 순간이었다. 설득 3단계에 들어갔다.

아이, 그러시지 말고······. (1단계)

다 알고 왔어요. (2단계)

술이라도 한잔 하면서 이야기할까요? (3단계)

통하였느니라. T는 '술'과 통하였느니라. 그날로 T와는 절친이 됐다. 미국 출장을 가는 그날까지 T는 카카오톡으로 "잘 다녀와, 하트 뿅뿅"을 외쳤다. 술로 하나 된 그날, T는 자신의 굴욕 과거사까지 모두 털어놨다. 그녀의 대학교 3학년 때 '커밍아웃' 이야기도 이날 나왔다. 술로 떡이 된 그녀는 이렇게 외쳤다.

"난 봉이 되고 싶지 않았어!"

그러곤 최근 기업들의 꼼수에 대해 열을 올렸다. 국내에 해외 직구족들이 늘어나자 일부 수입의류업체들이 한국 소비자들의 해외 인터넷 쇼핑을 원천봉쇄하고 있다는 것이다. 국내 IP(인터넷주소)로 접속하면 곧바로 한국 사이트로 넘어가도록 설정해 놓는 식이다. 예를 들면 폴로의 경우 미국 폴로 사이트로는 접속할 수 없다.

이 이야기를 전한 뒤 T는 그대로 뻗어버렸다. 이때 느꼈다. T는 우리와 같은 부류의 사람이구나. 완.전.히.

수많은 서른살의 통장이 안녕할 수 있도록

공교롭게도 이 문장을 쓰는 지금 이 순간은 29.999세, 2013년 12월 31일,

그리고 12시. 드디어 서른이 됐다. '서른이 됐다'
는 문장을 서른이 되는 순간 쓰기 위해
5분을 기다렸다. 그러니깐 '그리
고 12시'란 문장과 '서른이 됐다'
란 문장 사이엔 5분이란 시간이
존재한다.

　우리의 통장도 마찬가지다. 숫
자와 숫자들 사이엔 무수히 많
은 시공간이 있다. 땀도 있고
눈물도 있다. 신입사원이 되
어 마신 수십 잔의 소주도 녹아 있고 무의미하다고 느껴졌던 소개팅녀,
소개팅남과의 커피 한 잔도 스며들어 있다. 수백 번 작성한 글자 제한
1000자의 '자기소개서'도 압축돼 있고, 입사 첫날 뜨겁게 외친 "안녕하
십니까"도 묵묵히 존재한다. 그렇게 모여 서른살의 통장을 만들었다.

　다른 나이, 다른 직장에 다니는 11명의 시드 세대들은 통장의 시작점
을 모두 이렇게 기억한다. 쥐꼬리만 한 첫 월급. 아버지 세대처럼 화장실
에 몰래 들어가 봉투를 열어보는 대신 인터넷 클릭 한 번으로 확인한 첫
월급은 그 길이가 짧디짧았다.

　"우리는 모두가 비슷한 감정을 안고 살아가. 같은 시대에 태어나 비슷
한 정치사회적인 이벤트를 겪었지. 대한민국이란 틀에서 경제적인 환경
도 비슷했고, 취업 환경도 비슷했어. 첫 월급도 거기서 거기지. 극명하게

달라지는 게 있다면 우리의 행동일 뿐이야."

11명은 조금 더 빨리 나만의 저축 방법을 찾았고 그것을 행동으로 옮겼을 뿐이라고 말한다. 나를 알고 돈을 알아야 절약을 할 수 있다는 것이다.

LESSON 1의 앱테크녀 우리 세대들의 뇌는 기본적으로 아끼는 것보단 쓰는 일에 더 많은 지분을 내주고 있어. 이것도 사고 싶고, 저것도 사고 싶지. 돈은 없는데 넘쳐나는 신제품을 보면 자꾸만 필요해지는 기분이야. 당연하지. 우리가 사는 시대는 2014년이니까. 나쁜 걸까? 욕먹을 일인가? 아니야. 대신 우리는 적절한 자제력과 똑똑한 소비법을 무기로 가지면 될 뿐이야. 이렇게 무수히 많은 물건들 중 나만의 소비법으로 가장 최적화된 물건을 고를 수 있다는 건 축복이야.

소개팅 마니아 L은 "언젠가 한 번쯤 겪어야 할 일이라면 20대 후반, 30대 초반이 적절한 것 같다"고 말했었다. 이 말에는 나머지 10명의 시드 세대 모두가 동감했다. 돈을 어떻게 쓰고, 어떻게 모아야 하는지에 대한 예행연습이 필요하다고. 그런 의미에서 20대 초중반에 만들기 시작한 통장은 40대의 통장, 50대의 통장, 60대의 통장의 첫 단추라는 것이다.

그리고 11명의 시드 세대는 한 목소리로 응원했다. 우리 모두의 서른 살 통장이 웃으며 안녕할 수 있기를.

서른살의 통장, 안녕하니?

초판 1쇄 인쇄 2014년 3월 12일
초판 1쇄 발행 2014년 3월 17일

지은이 | 강지연 · 이지현 공저
펴낸이 | 정상우
기획 | 이보람
편집 | 이민정 정희정
마케팅 | 김영란
관리 | 김정숙

펴낸곳 | 오픈하우스 @openhousebooks
출판등록 | 2007년 11월 29일 (제 13-237호)
주소 | 서울시 마포구 동교로 13길 34 (121-896)
전화 | 02-333-3705 **팩스** | 02-333-3745
홈페이지 | www.openhousebooks.com

ISBN 978-89-93824-87-2 (13320)

*잘못된 책은 구입처에서 바꾸어 드립니다.
*값은 뒤표지에 있습니다.

이 도서의 국립중앙도서관 출판시도서목록(CIP)은 서지정보유통지원시스템 홈페이지(http://seoji.nl.go.
kr)와 국가자료공동목록시스템(http://www.nl.go.kr/kolisnet)에서 이용하실 수 있습니다.(CIP제어 번호:
CIP2014005232)